JN066338

47 都道府県ご当地文化百科

群馬県

丸善出版 編

丸善出版

刊行によせて

　「47都道府県百科」シリーズは、2009年から刊行が開始された小百科シリーズである。さまざまな事象、名産、物産、地理の観点から、47都道府県それぞれの地域性をあぶりだし、比較しながら解説することを趣旨とし、2024年現在、既に40冊近くを数える。

　本シリーズは主に中学・高校の学校図書館や、各自治体の公共図書館、大学図書館を中心に、郷土資料として愛蔵いただいているようである。本シリーズがそもそもそのように、各地域間を比較できるレファレンスとして計画された、という点からは望ましいと思われるが、長年にわたり、それぞれの都道府県ごとにまとめたものもあれば、自分の住んでいる都道府県について、自宅の本棚におきやすいのに、という要望が編集部に多く寄せられたそうである。

　そこで、シリーズ開始から15年を数える2024年、その要望に応え、これまでに刊行した書籍の中から30タイトルを選び、47都道府県ごとに再構成し、手に取りやすい体裁で上梓しよう、というのが本シリーズの趣旨だそうである。

　各都道府県ごとにまとめられた本シリーズの目次は、まずそれぞれの都道府県の概要（知っておきたい基礎知識）を解説したうえで、次のように構成される（カギカッコ内は元となった既刊のタイトル）。

Ⅰ　歴史の文化編
　「遺跡」「国宝 / 重要文化財」「城郭」「戦国大名」「名門 / 名家」「博物館」「名字」
Ⅱ　食の文化編
　「米 / 雑穀」「こなもの」「くだもの」「魚食」「肉食」「地鶏」「汁

物」「伝統調味料」「発酵」「和菓子／郷土菓子」「乾物／干物」
Ⅲ　営みの文化編
　「伝統行事」「寺社信仰」「伝統工芸」「民話」「妖怪伝承」「高校
　野球」「やきもの」
Ⅳ　風景の文化編
　「地名由来」「商店街」「花風景」「公園／庭園」「温泉」

　土地の過去から始まって、その土地と人によって生み出される食
文化に進み、その食を生み出す人の営みに焦点を当て、さらに人の
営みの舞台となる風景へと向かっていく、という体系を目論んだ構
成になっているようである。
　この目次構成は、一つの都道府県の特色理解と、郷土への関心に
つながる展開になっていることがうかがえる。また、手に取りやす
くなった本書は、それぞれの都道府県に旅するにあたって、ガイド
ブックと共に手元にあって、気になった風景や寺社、歴史に食べ物
といったその背景を探るのにも役立つことだろう。
　　　　　　　　＊　　　　　　＊　　　　　　＊
　さて、そもそも47都道府県、とは何なのだろうか。47都道府県
の地域性の比較を行うという本シリーズを再構成し、47都道府県
ごとに紹介する以上、この「刊行によせて」でそのことを少し触れ
ておく必要があるだろう。
　日本の古くからの地域区分といえば、「五畿七道と六十余州」と
呼ばれる、京都を中心に道沿いに区分された8つの地域と、66の「国」
ならびに2島に分かつ区分が長年にわたり用いられてきた。律令制
の時代に始まる地域区分は、平安時代の国司制度はもちろんのこと、
武家政権時代の国ごとの守護制度などにおいて（一部の広すぎる国、
例えば陸奥などの例外はあるとはいえ）長らく政治的な区分でも
あった。江戸時代以降、政治的区分としては「三百諸侯」とも称さ
れる大名家の領地区分が実効的なものとなるが、それでもなお、令
制国一国を領すると見なされた大名を「国持」と称するなど、この
区分は日本列島の人々の念頭に残り続けた。
　それが大きく変化するのは、明治維新からである。まず地方区分

は旧来のものにさらに「北海道」が加わり、平安時代以来の陸奥・出羽の広大な範囲が複数の「国」に分割される。政治上では、まずは京・大阪・東京の大都市である「府」、中央政府の管理下にある「県」、各大名家に統治権を返上させたものの当面存続する「藩」に分割された区分は、大名家所領を反映して飛び地が多く、中央集権のもとで中央政府の政策を地方に反映させることを目指した当時としては、極めて使いづらいものになっていた。そこで、まずはこれら藩が少し整理のうえ「県」に移行する。これがいわゆる「廃藩置県」である。これらの統合が順次進められ、時にあまりに統合しすぎて逆に非効率だと慌てつつ、1889年、ようやく1道3府43県という、現在の47の区分が確定。さらに第2次世界大戦中の1943年に東京府が「東京都」になり、これでようやく1都1道2府43県、すなわち「47都道府県」と言える状態になったのである。これが現在からおよそ80年前のことである。また、この間に地方もまとめ直され、京都を中心とみるのではなく複数のブロックで扱うことが多くなった。本シリーズで使っている区分で言えば、北海道・東北・関東・北陸・甲信・東海・近畿・中国・四国・九州及び沖縄の10地方区分だが、これは今も分け方が複数存在している。

　だいたいどのような地域区分にも言えることではあるのだが、地域区分は人が引いたものである以上、どこかで恣意的なものにはなる。一応1500年以上はある日本史において、この47都道府県という区分が定着したのはわずか80年前のことに過ぎない。かといって完全に人工的なものかと言われれば、現代の47都道府県の区分の多くが旧六十余州の境目とも微妙に合致して今も旧国名が使われることがあるという点でも、境目に自然地理的な山や川が良く用いられているという点でも、何より我々が出身地としてうっかり「○○県出身」と言ってしまう点を考えても（一部例外はあるともいうが）、それもまた否である。ひとたび生み出された地域区分は、使い続けていればそれなりの実態を持つようになるし、ましてや私たちの生活からそう簡単に逃れることはできないのである。

＊　　　＊　　　＊

　各都道府県ごとにまとめ直す、ということは、本シリーズにおい

ては「あえて」という枕詞がつくだろう。47都道府県を横断的に見てきたこれまでの既刊シリーズをいったん分解し、各都道府県ごとにまとめることで、私たちが「郷土性」と認識しているものがどのようにして構築されたのか、どのように認識しているのかを、複数のジャンルを横断することで見えてくるものがきっとあるであろう。もちろん、47都道府県すべての巻を購入して、とある県のあるジャンルと、別の県のあるジャンルを比較し、その類似性や違いを考えていくことも悪くない。あるいは、各巻ごとに精読し、県の中での違いを考えてみることも考えられるだろう。

　ともかくも、地域性を考察するということは、地域を再発見することでもある。我々が普段当たり前だと思っている地域性や郷土というものからいったん身を引きはがし、一歩引いて観察し、また戻ってくることでもある。有名な小説風に言えば、「行きて帰りし」である。

　本シリーズがそのような地域性を再発見する旅の一助となることを願いたい。

2024年5月吉日 　　　　　　　　　　　　　執筆者を代表して

　　　　　　　　　　　　　　　　　　　　　森 岡 　 浩

目　　次

Ⅳ 風景の文化編 147

【注】本書は既刊シリーズを再構成して都道府県ごとにまとめたものであるため、記述内
容はそれぞれの巻が刊行された年時点での情報となります

群 馬 県

▌知っておきたい基礎知識▌

- ・面積：6362km²
- ・人口：191万人（2024年速報値）
- ・都庁所在地：前橋市
- ・主要都市：高崎、太田、桐生（きりゅう）、舘林、伊勢崎、渋川、沼田、富岡
- ・県の植物：クロマツ（木）、レンゲツツジ（花）
- ・県の動物：アユ（魚）
- ・該当する旧制国：東山道上野国（こうずけのくに）
- ・該当する大名：川越藩（前橋を支配）、安中藩（あんなか）（板倉氏など）、沼田藩（土岐氏（ときし）、真田氏、本多氏など）
- ・農産品の名産：ホウレンソウ、キュウリ、レタス、トマト、コンニャクイモ、イチゴ、小麦など
- ・水産品の名産：ニジマスなど
- ・製造品出荷額：8兆9819億円（2020年経済センサス）

●県　章

群馬県の「群」の字の旧字を中心に、上毛三山こと赤城山（あかぎさん）・榛名山（はるなさん）・妙義山（みょうぎさん）の三山を表す山形を配したもの。

●ランキング1位

・**運転免許保有率**　群馬県の運転免許保有率は全国1位であることがたびたび新聞などでも登場する（警察庁運転免許統計と国勢調査の複合）。群馬県をはじめとする北関東地域はもともと国内でも一人当たりの車の保有台数が高いことで知られており、特に群馬は多種多様なドライブスルー（車に乗ったまま注文ができる形態の店舗）があることでも知られている。

●地　勢

　北関東3県の一つであり、南部から西部の平野部と、北部の越後山脈に続く山岳地帯からなる。平野部は利根川とそれに合流する河川が形作っており、江戸時代には南部の倉賀野までが江戸との水運に使われていた。群馬県の人口の大半はここに集中する一方で、この平野部は越後山脈を越える冬の乾ききった強い季節風をまともにうけた。上州名物といわれる「からっ風」とはこれを指す。南東部は栃木県と合わせ両毛とも呼ばれている。内陸部は沼田盆地にまとまった低地がある。

　山岳地帯には赤城山・榛名山・妙義山という特に山容が特徴的な三つの山があり、これをまとめて上毛三山ともいう。北は新潟方面に向かう三国通り、西は長野県へと向かう中山道が走っていたとはいえ、その山越えとなる三国峠と碓氷峠はいずれも難所として知られていた。三山はいずれも火山に由来し、県内には草津温泉と伊香保温泉をはじめとして多数の温泉があることでも知られている。

●主要都市

・**前橋市**　利根川のほとりに位置する前橋城の城下町を直接の起源とする都市だが、市内には上野国府が設けられるなど早くから開け、かつ利根川の渡し場に近い土地として交通の要衝であった。なお、元の地名は「厩橋」といい、江戸時代に改名している。

・**高崎市**　徳川家康の関東入部とほぼ同時に整備された高崎城とその城下町兼中山道の宿場町に由来する都市。上越線・信越本線（現在では上越新幹線と北陸新幹線）の分岐点という交通の要衝としての地位は現在も変わっていない。

・**太田市**　日光例幣使街道の宿場町に由来する都市だが、現代における発

展は戦前の中島飛行機移転に始まる工業集積に由来する。また、鎌倉時代には新田氏の本拠地である荘園があったなど、地域としても早くから開けていた。

・桐生市　織物の町として知られる両毛地方の山沿いの町。奈良時代にもさかのぼるとされる織物業はかつて西陣（京都）とも並び称されて、東日本最大の規模を誇ったが、バブル崩壊と共に急速に織物業が衰退。現在街並みともども復興が図られている。

・館林市　両毛地方の県域が南東に突き出したあたりにある城下町。江戸幕府5代将軍の徳川綱吉が一時城主であったことでも知られている。

・伊勢崎市　江戸時代の陣屋町に由来する都市。もともと桑栽培が盛んな土地柄で、明治時代以降は伊勢崎銘仙という織物の産地として発展している。

・渋川市　利根川が関東平野へと流出するあたり、三国街道の栄えた宿場町に由来する。伊香保温泉はこの市内にある。

・沼田市　利根川の上流部、利根川と薄根川の合流点に発達した河岸段丘を利用した城の城下町として発展した都市。木材の集散地としても知られていた。

●主要な国宝

・綿貫観音山古墳出土品　高崎市にある6世紀の前方後円墳である綿貫山古墳から出土した副葬品と埴輪が指定されている。副葬品の中には、銅水瓶や鏡、金属製の帯など同時代の中国や朝鮮半島などとの交流をうかがわせる意匠を持つものもある。実際、この周辺に8世紀初頭に設置された多胡郡は、「多くの胡（外国人）」という名の通り、手工業技術を持つ渡来人の移住によるものとされ、通称「上野三碑」と呼ばれる奈良時代の貴重な碑文3つも残されている。

・富岡製糸場　西毛地方の富岡に明治時代に設置された官営工場の設備・建築群である。富岡はもともと碓氷峠を避ける比較的緩やかな下仁田街道の宿場町兼陣屋町で、信州と上州から繭を集めやすく、またちょうど農地に向かない用地を確保できたことから、ここに建設された。当時の機械もよく保存されている。

●県の木秘話

・クロマツ　日本全国でみられる針葉樹だが、群馬県では船津伝次平（ふなつでんじへい）という幕末から明治初期にかけて農法の改良に尽力した名農が、赤城山の保水力が長年にわたる野焼きや伐採で失われていることを憂いて植樹を進めたことが伝えられている。

・レンゲツツジ　高原によくみられるツツジ科の赤い花。群馬県内では赤城山のふもとの白樺牧場や、長野県との県境にある湯の丸高原に群生地があることで知られている。

●主な有名観光地

・伊香保温泉　古くは万葉集に既に地名は登場する、坂道の石段の風景が有名な古い温泉。また、ちょうど渋川から榛名山に向かう道筋にもあたっていたことから、そちらへの参詣客も多数訪れた。近代においては徳富蘆花の小説『不如帰（ほととぎす）』で序盤の舞台になったことで当時の人々のブームになっている。

・草津温泉　既に室町時代から名湯として知られていた、草津白根山の近くにある湯の花でも有名な温泉。有名な湯もみの歌である「草津良いとこ一度はおいで／お湯の中にも花が咲く」という草津節の歌詞は、大正時代に成立したようである。なお、主成分の硫黄のために、草津を流れる湯川、さらにそれが合流する吾妻川（あがつまがわ）は屈指の酸性度を誇り、現在では途中で石灰石を投入することで水を中和している。この他、北部には四万温泉（しま）や河原湯温泉といった名湯がある。

・上毛三山　きれいな姿をした榛名山、北部地方との境に広くすそ野を伸ばす赤城山、奇岩が連なる妙義山という群馬県でも特に有名な3つの山をさす。赤城山は、この地方一帯を暴れまわる一方で、貧民の救済にも尽力した侠客国定忠治（きょうかくくにさだちゅうじ）の物語でも知られている。

・鬼押し出し　北部の嬬恋村（つまごい）、浅間山の北麓にある、溶岩由来の奇岩が広く連なる一帯。1783年に浅間山が大噴火した際に形成されたこの奇勝は、その下にかつて小さいながらも栄えていた村であった鎌原村を丸ごと飲み込んだことでも知られている。さらにこの大噴火は、利根川に洪水を引き起こし周辺に甚大な被害を与えた。

・碓氷峠　古くから交通の要衝として知られた碓氷峠であったが、それゆ

えに近代の鉄道建設は急こう配に伴う難事となり、国内に数例しかないラックレール（線路の間にもう一つの補助線路を引き勾配を補助する）の整備や、トンネル・アーチ橋を駆使した山越えが試みられた。北陸新幹線が開通し、峠を大トンネルで越えるようになった現在ではもう使われることはないが、今も数多くの保存状態の良い遺構が残っている。

●文　化

・高崎だるま　赤く丸っこい姿が特徴のだるまは、江戸時代の末期に生産が始まった。特に、赤の顔料の輸入が拡大した明治時代以降に、現在特徴となっている赤い色のだるまが一気に広まり、天然痘よけの縁起ものになったとされている。なお、顔料の輸入元は横浜港と伝えられており、開港のインパクトの大きさがうかがえる。

・織　物　少なくとも平安時代以来の長い歴史を誇る桐生織をはじめとして、群馬県は養蚕を背景とした織物業が盛んな地域であった。これ以外にも伊勢崎絣や銘仙が知られている。

・上毛かるた　1947年、敗戦直後の群馬県において、郷土教育に使うべく考案された郷土かるた。他県でも郷土かるたが作られたところはあるが、現在まで広く親しまれているという点では異例である。札の一つを紹介すると「つる舞う形の群馬県」。

・八木節　群馬と栃木をつなぐ街道沿い、栃木県足利市八木の町を中心に親しまれている民謡だが、群馬県では祭の盆踊りの代名詞でもある。歌詞は民謡の常で様々な名物を読み込むため確定しないが、上述の国定忠治や、刀鍛冶の五郎正宗の物語、また桐生や上州の名物づくしなどの歌詞が良く知られている。

・からっ風　「上州かるた」に「雷と空風義理人情」という札があるほど有名なこの風は、冬の季節風が越後山脈を越える際、新潟側に大量の降水をもたらした後に乾ききった状態になる強風をさす。乾ききったこの風は冬の群馬県域において地面の土を巻き上げるなどの被害を与え、屋敷林を作るなどの対策が取られてきた。

●食べ物

・こんにゃく　こんにゃくとしての生産は西部の下仁田、原料となるコンニャクイモの生産は主に北部地方でなされるなど、名実ともに群馬県の特

産品である。生産自体は戦国時代までさかのぼるとされるが、特に明治時代以降、それまで関東地方最大の産地だった水戸藩の専売が崩れたこと、下仁田にこんにゃく生産上で効率的な製粉施設が整ったことで一気に生産量が増した。

・焼きまんじゅう　南部の平地で広く食される、酒まんじゅう（酒種を生地の発酵に用いた饅頭）を竹串にさして味噌たれを塗って焼いた饅頭。南部地方は隣県の埼玉県ともども小麦生産が盛んなことで知られ、他に小麦を使った名産には水沢うどんなどがある。

・おきりこみ　同じく小麦生産を背景とする料理で、幅広の麺を根菜類などと共に味噌などの汁で煮込んだもの。ただし、伝統的には麺に塩を使わない点が、全国的には珍しいものとして知られている。なお、同様の料理はこの利根川中流域一帯に広くみられるが、埼玉県では「煮ぼうとう」や「ひもかわ」とも呼ばれている。

・キャベツ　北部の嬬恋村が大産地として知られており、東京都市圏に大量に出荷されている。この背景として、高地であるため気温が栽培に適してやや冷涼であること、白根山や浅間山などの火山による火山灰土の水はけが土壌に適していることが知られている。

●歴　史

●古　代

　現代でも時に「上毛（じょうもう）」という名が群馬県全域を指す名称として用いられる通り、本来、上野国は「上毛野国（かみつけのくに）」（畿内に近い方の毛野国）である。毛野と呼ばれていた地域は下野国（こちらも本来「下毛野国（しもつけのくに）」、栃木県）の南部～中部地方までを指していたものとみられている。特に4～6世紀にかけての古墳の数は関東地方でも随一で、太田市の天神山古墳（てんじんやま）が特に有名である。早くから比較的勢力の強い豪族が多数いたようで、水田の遺跡も発見されているが、これは同じく6世紀に榛名山の大噴火が起こり、遺跡がそのまま埋もれてしまったことが保存状態という点では大きい。この火山の噴火は、浅間山の噴火と合わせて風下側にあたる群馬県に度々に影響を与えている。

　上野・下野の上下の基準となっているのは、信濃（しなの）（長野県）から碓氷峠（うすいとうげ）を越えて群馬県南部を東西に走る東山道である。中央高地を越えるために

険しいこの道は、しかし一方で近畿の朝廷が勢力拡大の前線とする陸奥国（むつのくに）（奈良時代だと南東北一帯）への最短ルートでもあり、『古事記』のヤマトタケル神話において、関東地方への遠征の際に越えたという峠がここではないかという伝承が古くからある。それくらいには、峠を越えてすぐ、関東の入り口となる上野の重要性は大きく、平安時代初頭には諸国の中でも特に重要視された「大国」の位置づけにあった。

　とはいえ、少しだが風土に違いがあった。比較的にせよ治水がしやすい川が多く荘園が多数発達した利根川以東地域（東毛）と、山際の利根川以西地域（西毛）である。

●中　世

　中世においては、東部世良田荘（せらだしょう）（太田市）を中心とする新田氏や、栃木県足利一帯を中心とする足利氏などの武士団が主に東毛を中心に発達する。彼らは農地の開発や寺社門前町に由来する市場を有することで、領地の経済力をつけていく。もう一つ特筆すべきは、鎌倉から信濃方面に向かう街道がこのころ確立したことである。現代において「鎌倉街道上道」と称されるこの街道は、古くからあった東山道の支道に代わって関東の南北をつなぐ重要な道の一つとなり、やがて1333年、鎌倉を新田義貞（にったよしさだ）が攻めた時にはこの道が主要な進軍路となる。さらには足利氏の足利尊氏（あしかがたかうじ）が建武の新政後の混乱の中、室町幕府を開くことになった。

　関東から北の越後方面、また信濃方面に抜ける道の分岐点としてこの時代の交通の要衝としての位置づけは変わらなかった上野だが、一方で室町・戦国時代を通じて上野国外まで勢力を広げる武将はあまり出なかった。一応、関東管領山内上杉氏（かんとうかんれいやまのうちうえすぎうじ）の家臣である長尾氏という有力な武将はいたのだが、この時代には関東の諸勢力の境界となった利根川が県域を貫いているために諸勢力の争奪の場になったという点が大きく、特に享徳の乱（きょうとくのらん）においては西側の関東管領側勢力と東側の古河公方の勢力の前線となっている。

　それどころか、時代が下ると南と東からは関東管領上杉氏を圧迫する後北条氏が、西からは信濃地方を統一した武田氏の家臣真田氏が北部の利根・沼田地方に進出し、北からは山を越えて度々関東に攻めこむ越後長尾氏（上杉氏）が侵攻する。かくして一帯の境界地域としての立場はあまり変わらなかった。結局この事態は1573年の武田氏滅亡後の争いの後で、上野の大半の地域を後北条氏が領するという形で決着するが、その真田氏と

の協定中で真田氏側とされていた名胡桃城を後北条氏が占拠したことが、1589年の小田原攻め並びに後北条氏の大名としての滅亡を招いたことは、現代では有名である。

● 近　世

後北条氏を引き継いで入った徳川家康の元、県域では厩橋城（前橋城）と高崎城が整備。江戸時代を通じて、江戸の北の守りとして譜代大名が配された。江戸からの中山道は高崎・安中を通って碓氷峠を越えるように整備される。とはいえ、これくらいの江戸からの距離であれば比較的大きな大名も配されるはずだが、群馬県では松平家が配された前橋城において、治水工事の失敗により城自体が川の浸食で削られるという前代未聞の事態が発生。やむなく18世紀中盤から、城主は川越（埼玉県）に移って前橋には陣屋だけが置かれることになった。

一方、産業では重要な養蚕業が育っている。上野は基本的に山がちで、また浅間山などの噴火（特に天明大噴火に伴う一帯の泥流と洪水）の被害も度々受けているため、田畑の収穫のみに頼ることが難しかったことが大きいが、各地への移出もできる程に繁栄した。桐生織などの群馬県南部の織物業はこれを背景にして育っている。街道としては高崎経由で碓氷峠を越える中山道が第一だが、これ以外にも高崎で分岐し日光方面に向かう例幣使街道、沼田を通り越後に向かう三国街道などがあり、また利根川をはじめとした水運も江戸まで盛んに用いられた。

● 近　代

戊辰戦争において、群馬県は越後方面を攻める新政府軍の出入り口の一つとなっている。1871年、群馬県が成立する。ただし、この時は1873年に、先述の川越藩領（川越と前橋双方にまたがる領地をもっていた）の事情もあり、一時的に入間県と合併して熊谷県となっている。最終的に現在の県域に近い群馬県が成立するのは1876年、さらに高崎から前橋に県庁が移転するのは1881年のことである。

これ以降の群馬県は、以前からの養蚕業と織物業の蓄積を背景として、南部地方が特に製造業中心の県として発展する。官営富岡製糸場は世界遺産に登録されたほどに有名であるが、これ以外にも機械製糸の導入など、1930年代の昭和恐慌に始まる不況を経てもなお、戦後長くまで県の主要産

業であり続けた。また戦後も、戦前に関東南部の工業地域から移ってきた中島飛行機を前身とするSUBARU（旧富士重工業）など工業の集積が発生した。これらの機械工業や、首都圏という立地や農作物の調達のしやすさなどを背景とした食品工業が集まる両毛一帯には関東内陸工業地域が形成されている。また、北部地域の草津などでは、温泉や山岳を活かした観光業も盛んである。

【参考文献】
・丑木幸男ほか『栃木県の歴史』山川出版社、2013
・群馬県史編さん委員会編『群馬県史』全37巻、群馬県、1977-92

I

歴史の文化編

遺　跡

太田市飯塚町（埴輪「挂甲の武人」）

地域の特色

　　　　群馬県は、関東平野の北部に位置し、中央を利根川が南流、その南端に神流川が合流しつつ、埼玉県との境をなしている。県北部には、三国山脈や那須火山帯に属する2,000m級の山々が信越国境を画しており、いわゆる表裏日本を分けている。西南部は秩父からの関東山地が長野・埼玉県境に続く。県域のほぼ中央に赤城山・榛名山が併立し、赤城山麓には旧石器時代の遺跡が認められ、岩宿遺跡（みどり市）は著名である。また、利根川を境として東部の渡良瀬川流域には遊水池や河跡湖が多く、利根川の流路変遷が遺跡形成にも大きな影響を与えている。利根川支流を含めた流域の平野部には古墳時代前期・中期の大古墳群が分布するほか、県域では榛名山や浅間山噴火による被害の痕跡をとどめた集落遺跡も多い。

　　古代には毛野国と呼ばれ、さらに上毛野国として分立した。『大宝律令』によって上毛野国は上野国に改められ、国府は前橋市元総社町の地と推定される。711（和銅4）年に多胡郡が新設され、その記念で立碑された多胡碑に、甘楽・緑野・片岡の三郡の名が見える。東山道は西の碓氷峠から榛名・赤城などの山麓を東に通り、下野国足利駅に抜けていた。また、左右馬寮直轄の九牧があり、牧監が置かれていた。承平・天慶の乱では平将門により、上野国府が占拠されている。

　　中世には新田荘が設置され、源義家の孫の義重が荘司となって支配した。1333（元弘3）年に新田義貞が新田郡生品神社で挙兵、鎌倉幕府を倒した。室町時代には、上野国は上杉氏が守護となる。後に後北条氏に追われて、上野国は上杉・武田（甲斐国）・北条（小田原）三氏の争奪戦の場となり、1590（天正18）年の豊臣秀吉の小田原征伐後、徳川家康が関東を領有。譜代の家臣を配し、関ヶ原以後、上野国内には前橋・高崎・沼田・安中・館林・伊勢崎・小幡・七日市・吉井の9藩が分立し、ほかに約25万石の直轄領・旗本領が分散していた。1886年6月、岩鼻県が設置され、旧

　凡例　**史**：国特別史跡・国史跡に指定されている遺跡

幕領は武蔵国西南部の幕領とともにその管下に属した。1871年の廃藩置県で群馬県が置かれ、山田・新田・邑楽の3郡は栃木県、熊谷県などを経て、1876年編入、上野国全郡が群馬県になり、現在に至る。

主な遺跡

岩宿遺跡
（いわじゅく）

＊みどり市：大間々扇状地上の残丘鞍部の西斜面、標高約160mに位置　**時代** 旧石器時代　　**史**

1946年秋頃、相沢忠洋が稲荷山、琴平山の鞍部を通る村道の崖面から、石器を採集。これを東京の考古学者らに示し、1949年、明治大学の杉原荘介、芹沢長介らが発掘調査を実施。日本における旧石器時代の存在を初めて明らかにした。調査の結果、3つの文化層が認められ、腐植表土の下に、黄褐色粘土層（阿佐見層）上部の岩宿Ⅲ石器文化が、黄褐色粘土層下部には岩宿Ⅱ石器文化が、黄褐色粘土層下の暗褐色粘土層（岩宿層）に岩宿Ⅰ石器文化が発見された。現在、関東ローム層の研究から、黄褐色粘土層は上部ローム層に、暗褐色粘土層（岩宿層）は中部ローム層上位に、それぞれ比定されている。

これまで継続して調査が行われており、岩宿Ⅰ石器文化は、姶良・丹沢火山灰の降下時（約2.9～2.6万年前）よりも前に位置づけられ、敲打器の一種である局部磨製石斧、削器または掻器様の石器などが認められている。岩宿Ⅱ石器文化は小型の切出ナイフ形石器と尖頭器様の石器、不定形の削器などで構成される。このほかに岩宿Ⅲ石器文化や岩宿0文化の提唱がなされているが、資料的に不明な点が多い。

日本で初めて更新世の人類文化の存在を明らかにしたものであり、考古学史上きわめて重要な遺跡である。1979年に国史跡に指定されている。

下触牛伏遺跡
（しもふれうしぶせ）

＊伊勢崎市：赤城山麓の台地の末端部、標高94～96mに位置　**時代** 旧石器時代

1982～84年にかけて、障がい者スポーツセンター建設に伴い、県埋蔵文化調査事業団によって発掘調査が実施された。古墳時代の竪穴住居跡などが検出されたが、ローム層を掘りくぼめた壁面などより石器が検出され、旧石器時代の調査を進めた結果、第Ⅰ文化層よりナイフ形石器や槍先形尖頭器を中心とする石器群と、さらに下層の第Ⅱ文化層でも石器が発見された。発掘後の遺物の出土状況を整理するなかで、出土石器が直径約50mの大規模な環状ブロック群をなしていることが判明し、話題となった。この発見により、全国の旧石器時代の遺跡においても、同様の環状ブロック

を形成する遺跡の存在が再評価され、複数あるブロックにおける石器の接合関係から、同時に活動していた集団の世帯数を想定するなど、その意味をめぐって今も議論が続いている。

乾田Ⅱ遺跡
＊利根郡みなかみ町：利根川の河岸段丘上、標高480mに位置 　時代　縄文時代草創期〜後期

　1977年、78年に国道改良工事に先立ち、水上町教育委員会が発掘調査を実施した。遺構としては、縄文時代前期の住居跡が1棟発掘された。遺物は縄文時代早期〜後期の土器で、中期が主体を占める。興味深いのは、細隆起線文、微隆起線文土器の破片がスクレイパー・ポイントとともに出土したことで、内面がかなり荒れ、変色しているといった特徴があった。県内でも最古級の土器とされ、北陸系の土器の影響が認められる。

三原田遺跡
＊渋川市：赤城山西麓の舌状台地の末端、標高約270mに位置 　時代　縄文時代中期〜後期

　1972〜74年にかけて、住宅団地建設に伴い発掘調査が実施された。縄文時代の竪穴住居跡が300軒以上、4,000基に及ぶ土坑が検出された。住居跡は130mほどの環状をなして分布しており、その多くは重複していた。これらの住居跡は分類、整理されて住居史の編年研究が行われ、新たな研究法の開発へとつながるとともに、従来祭祀遺構とされていた敷石住居の役割についても、一般的な住居であるとする新たな見解が示された。遺物は、縄文時代中期の土器（勝坂式・阿玉台式・加曾利E式など）を主体として、石鏃、削器、打製・磨製石斧や石皿、石錘、土錘、石棒、硬玉製大珠などが検出されている。土器では、加曾利E式初頭の遺物のなかに、独特な文様構成を示す土器群があり、新たな型式（三原田式）も提唱されており、北関東の縄文土器研究においても重要な遺跡といえる。

千網谷戸遺跡
＊桐生市：渡良瀬川左岸、山田川と合流する台地上、標高約140mに位置 　時代　縄文時代後期〜晩期

　1939年刊行の『山田郡誌』に遺物の紹介がなされ、戦後1946年から54年まで十数回にわたって発掘調査が行われたほか、現在まで断続的に調査が行われている。縄文時代晩期に比定される隅丸方形のプランをもつ竪穴住居跡が検出されたほか、後期の住居跡も認められる。その他、環状集石遺構や敷石遺構、配石墓坑などが認められる。土器は縄文時代後期〜晩期（堀ノ内Ⅰ、加曾利B、安行Ⅱ・Ⅰ、大洞B、大洞BC、大洞C_2、大洞A）のものが認められ、特に北関東の縄文時代晩期終末期として特徴的な土器として、千網式土器が設定された。ほかに石斧、石剣、石棒、独鈷石、岩

版、垂飾、石錘、石冠などの石器・石製品や土偶・耳飾などの土製品、骨角器などがある。獣骨の出土量は貝塚ではない遺跡としては比較的多く、シカ、イノシシ、ツキノワグマ、アナグマ、イタチなどが見られ、当時の動物利用の様相を知ることができる。また土製耳飾は2,000点近く検出され、削りくずなどが認められ、製作工程の復元も行われている。出土した大型漏斗状透彫付耳栓については、国重要文化財に指定されている。

矢瀬遺跡（やぜ）　＊利根郡みなかみ町：利根川上流域右岸の最下位段丘面、標高393mに位置　**時代** 縄文時代後期後半～晩期終末　**史**

　1992年に道路工事に伴い発掘調査が実施され、縄文時代後期後半から晩期末葉までを中心とする集落跡が確認された。竪穴住居跡のほか配石墓100基以上、祭壇場や石敷・石組の水場遺構などが検出された。特に水場からは、クリやクルミ、トチノキ、カヤといった実が出土し、堅果類のあく抜きや加工が行われていたことがわかった。

　そして、遺構の分布を見ると、中央部に水路と作業場をもつ水場があり、直径50cm前後のクリ材を半截するなどして並べた巨木柱列とその内部に石組の「祭壇」をしつらえた祭祀場と推定される遺構が隣接し、それらを囲むように配石墓群や竪穴住居跡などが存在しているなど、計画的な集落の構築が行われている可能性が考えられている。遺物は多量の土器・石器のほか、漏斗状透し彫り耳飾や線刻礫、ヒスイ製勾玉などの特殊な遺物も多く出土している。遺跡は国史跡に指定され、整備復元されている。

岩櫃山遺跡（いわびつやま）　＊吾妻郡東吾妻町：岩櫃山南側の山頂の崖地、標高約795m付近に位置　**時代** 弥生時代中期前半

　1939年に地元住民の紹介で、杉原荘介が注目し、発掘調査が実施された。岩櫃山頂にあり、一般には鷹ノ巣岩陰と呼ばれる。岩陰内の上段部分で土器が検出されているほか、下段では17個の土器が3つのまとまりをもって認められた。長頸壺形土器、小形壺形土器、コップ形土器、甕形土器などの弥生土器が検出されており、これらの群は人為的に埋置された墓地と推測されており、2次埋葬と推定される人骨の破片が検出されたことから、土器を蔵骨器とした洗骨葬による再葬墓遺跡として評価されている。副葬品と思われる数個の頁岩や黒曜石の剥片が発見されている。杉原は出土土器について、東海系（丸子式・水神平式）を母体として中部高地系（庄ノ畑式）なども類似する土器と縄文時代晩期（大洞式）に祖形をもつ土器に分類し、これらが混在する土器について、岩櫃式土器と評価し、その標識遺跡となっている。

太田天神山古墳
おお た てんじんやま

＊太田市：沖積低地の微高地上、標高約40mに位置
時代 古墳時代中期 **史**

1965年に周堀の調査が行われ、墳丘長210m、後円部径125m、前方部幅129m。後円部高さは16.5m、前方部の高さは11.7m。東日本最大の前方後円墳である。現在は水田となっているが、周濠は湛水堀が二重にめぐっており、内堀幅は24～36mで、これに中堤と外堀を含めた全長は364mとなる。3段築成と推定され、墳丘面には河原石葺石が施され、円筒埴輪列が認められる。外堀に接して陪塚2基が伴っている。主体部は凝灰岩製の長持形石棺で、後円部頂から鞍部への中腹に一部露出している。近世後期、1738（元文3）年の「石棺御尋書」によれば、墓石として転用されていた底板材と想定される石材は長さ9尺あまり（2.7m）、幅5尺あまり（1.5m）と大きく、畿内における長持形石棺と比べても遜色がない。5世紀中葉ないしは後半に築造されたと考えられ、当時の当地域の権力を象徴するものといえる。なお鞍部に天満宮の祠があり、後円部裾と前方部外堀部には、国道122号と東武鉄道小泉線が横断する。国史跡に指定されている。

保渡田二子山古墳
ほ ど た ふた ご やま

＊高崎市：榛名山東南麓、井野川左岸台上、標高約130mに位置 **時代** 古墳時代後期 **史**

1930年に後藤守一らによって発掘調査が行われた。墳丘長110m、後円部径74m、前方部幅71m、高さ約6m（前方部・後円部とも）を測る前方後円墳である。葺石や埴輪類も確認されている。主体部は竪穴式石室であり、刳抜式の凝灰岩製舟形石棺が納められていた。遺物は鉄鏃、轡の残片と円筒埴輪片などが発見されている。また内堀内の墳丘側部に4基の中島が設けられている。この二子山の東方約200mには八幡塚古墳（墳丘長102m）があり、残念ながら削平が進んでいるものの前方後円墳を呈し、二子山古墳と類似し、内堀に4基の中島をもつ。

1929年に発掘調査が行われ、中島の1基から土師器壺、坩、坏、高坏などが認められ、前方部前面の中堤上に、円筒埴輪で区画した中に人物埴輪、飾馬、鶏、猪といった形象埴輪が出土した。そして八幡塚古墳の西北には薬師塚古墳（墳丘長100m）があり、この古墳は1683（天和3）年に発掘が行われている。主体部の舟形石棺から、内行花文鏡や勾玉、ガラス小玉と金銅製馬具類が発見されている。3古墳は5世紀末から6世紀前半にかけて成立した首長墓と考えられ、時期を同じくする井野川流域の水田の発達や南東1kmにある三ッ寺Ｉ遺跡（豪族居館）との関連も指摘されて

いる。これらは「保渡田古墳群」と呼ばれ、現在は「上毛野はにわの里公園」として整備されている。国史跡。

黒井峯遺跡
くろ い みね

＊渋川市：吾妻川左岸の上位段丘面の台地上、標高250mに位置　**時代** 古墳時代後期　**史**

　1982年以降、子持村教育委員会により確認調査が行われ、以後継続的な調査が行われている。この地域では、6世紀中頃と推定される榛名山二ッ岳の爆発時に噴出した大量の軽石・火山灰（FP）が2mほどの厚さで一帯を覆っている。この軽石の採集に際して、遺構らしき大小のくぼみが発見されたことから、県教育委員会の地下レーダー探査が行われ、かつての地表面の凹凸や住居跡と思われるくぼみが100カ所で認められたことにより、本格的な発掘調査が実施されることになった。

　1985年の調査では、古墳時代当時の地表面がそのまま確認されるとともに、竪穴住居跡、平地住居跡、祭祀遺構、畠、水田、道路、立木跡なども検出された。当時の構造物のほとんどが焼失・倒壊を免れたまま埋没しており、当時の集落景観を復元することが可能になるものとして注目を浴びた。柴垣や柵列で画された住居、小屋、耕作地などからなる居住単位は、世帯あるいは世帯共同体に対応するものと評価されている。また一辺約4mの方形を呈し、30cmほど壇状に盛上った遺構からは、200個体に及ぶ土器や石製模造品が検出されており、また田畠の畦に土器を数個体置いた遺構など、祭祀と推定される痕跡も確認されている。

　いわゆるイタリア・ポンペイのように、一度に降下した大量の軽石の堆積によって埋められた集落跡であり、当時の地表面がまったく改変を受けずに残っていることから、きわめて多くの考古学的知見を与えてくれる遺跡として高く評価されている。

　なお、火山灰に埋まった遺跡としては、2012年、国道353号金井バイパス（上信自動車道）建設工事に伴う調査として発掘された、金井東裏遺跡
かない ひがしうら
（渋川市）が著名である。厚さ約2mに及ぶ軽石層の下位に、榛名山が古墳時代後期（6世紀初頭）に噴火した時の火山灰や火砕流が厚さ約30cm堆積する。その火山灰で埋まった溝から、甲を着装した成人男性人骨1体
よろい
と、乳児頭骨1点、甲の部品1点が出土した。甲を着装した人骨は、榛名山の方向を向き、顔を伏せて、膝立ちの状態で、ほぼ全身骨が残存していた。古代榛名山の噴火による被災の様相を伝える遺跡として貴重である。

三ッ寺Ⅰ遺跡
み っ てら

＊高崎市：榛名山東南裾部、井出台地の東縁部、標高123mに位置　**時代** 古墳時代後期

1981〜83年にかけて、上越新幹線の建設に伴い発掘調査が実施された。県道前橋・安中線と上越新幹線の交差する地点で周囲の水田より約1.5m高く、通称「島畑」と呼ばれる方形の台地状の土地に位置する。大規模な掘立柱建物跡や竪穴住居跡が検出されるとともに、一辺約86mの方形区画の居住区が設けられ、その周囲を幅約40m、深さ約3mの濠が囲んでいた。方形区画は、濠の排土によって厚さ約1mの盛土がなされており、四周は河原石によって葺石が高さ約2.7mにわたり構築されていた。

　また、西辺に2基、南辺に1基、張出部が設けられている。濠の内部の縁辺には3重の柵列がめぐり、内部は柱列と溝によって区画され、北区は竪穴住居跡、南区では東西約11.7m、南北13.6mの建物があり、「宮殿」的な様相を示す。出土遺物にはいわゆる祭祀に関わる遺物が認められ、剣形や子持勾玉（こもちまがたま）など石製模造品が200点あまり検出されており、ほかには土師器類や須恵器（すえき）の大甕（おおがめ）、高坏、蓋杯、器台などもあるほか、木製品も多数出土し、模造刀や弓など、祭祀に関わる可能性の高い遺物が認められている。遺物からは6世紀の構築と推定されている。

　遺跡から北西約1kmには、構築年代が同時期と考えられている保渡田古墳群があり、これらの被葬者とも緊密な関係が推定される。古墳時代の豪族の居館跡としては、本遺跡の北東約3kmに位置する北谷（きたやつ）遺跡（高崎市）があり、遺跡は約90m四方の郭部分を幅約30mの堀が囲む形態で、6カ所の張出し部と2カ所の土橋状の構造が認められている。堀内の埋没土の下層には、6世紀初頭降下の榛名山噴火火山灰層が認められることから、5世紀後半の構築と推定されている。構造や規模から、近接する三ッ寺I遺跡との関係が議論となっている。

　なお、三ッ寺I遺跡は調査後、新幹線工事により一部破壊されたが、北谷遺跡はその経緯を踏まえ、保存運動が実施され、2005年に国史跡に指定され、保存整備が進められている。

上野国分寺跡（こうずけこくぶんじあと）

＊高崎市：榛名山東麓の扇状地の台地上、標高約125mに位置　**時代** 奈良時代　史

　従来、この地には金堂跡の基壇と礎石、その西南の塔跡の礎石が残っており、1926年に国史跡に指定された。1980年から史跡整備に伴って発掘調査が行われ、寺域南辺の濠と築地跡とが発見され、方2町（東西218m、南北218〜233m）の寺域をもつことが確認された。国府跡と推定される場所から西北にあたり、牛池川や染谷川に挟まれた低台地上にある。

　僧寺跡の東塔跡は確認されていないが、金堂西南の塔跡の礎石は、巨石

18

を使用しており、聖武天皇宸筆の『金光明最勝王経』を納めるのにふさわしい。11世紀初頭の記録である九条家本『延喜式』裏文書（いわゆる『上野国交替実録帳』）には、伽藍の衰退を示しているが、なお存在は明らかである。ただし1180（治承4）年に足利俊綱が上野国府を焼き払ったと『吾妻鏡』にあり、礎石はいずれも火をかぶり、破損していることから、この時上野国分寺も焼亡したものと推測されている。

女堀遺跡
（おんなぼり）

＊前橋市：赤城山南麓の台地上、標高約100mに位置
時代 平安時代末〜鎌倉時代　　　　　　　　　　　史

1979年から圃場整備事業に伴い、前橋市飯土井から東大室地域で発掘調査が行われ、中世初頭の農業用水跡であることが明らかとなった。上幅20〜25m、深さ3mに及ぶ溝の底面に、幅5〜6mの小溝をもつ構造であり、通水勾配の計算が十分でなく、完成を見ないまま放置されたことが明らかとなった。幅広い溝の中央にさらに溝を設ける2段構造を呈している。1108（天仁元）年に爆発した浅間山の火山灰（As-Bテフラ）の上層から掘削されているほか、火山灰を鋤き込んだ畠も認められ、開削年代は12世紀とする説が有力である。堀の終末点に位置した淵名荘（仁和寺法金剛院領）に向けて、秀郷流藤原氏（家綱・俊綱ら）によって開削された説や上野国守護安達氏の説などもある。前橋市上泉から佐波郡東村西国定まで約13kmにわたる遺構であり、一部は国史跡に指定されている。

鎌原埋没村遺跡
（かんばらまいぼつむら）

＊吾妻郡嬬恋村：浅間山北麓の台地上、標高約900mに位置　　**時代** 江戸時代中期

1979年、学習院大学による考古学的な発掘調査が実施され、埋没家屋や石段、さらに寺院の一部や犠牲者の遺体などが確認された。1783（天明3）年の浅間山噴火によって埋没した村落遺跡であり、全村の人口の80%が犠牲となったことから、古くより火山被害の村として知られてきた。鎌原観音堂などの高所をわずかに残して、全村一瞬に埋没したもので、現在観音堂への階段は15段を残すのみだが、さらに20段以上の階段が検出され（伝説では150段以上）、上から40段目付近で2体の女性の全身骨が検出された。また村内の延命寺跡でも、寺院の建物遺構や陶磁器などの生活財、仏具や仏像の破片などとともに、人骨が検出されている。

鎌原村は中山道の脇街道に面し、人口は500人前後、戸数約120戸の宿場的機能をもった村落と推定されている。噴火の際に発生したいわゆる「押し出し（熱泥流とされる）」によって埋没したもので、村の復活には数十年の時間を要したことが、文献史学の研究によって明らかにされている。

国宝／重要文化財

承台付銅鋺

地域の特性

　関東地方北西部の内陸に位置する。東側に足尾山地と白根山の火山、北側に三国山脈、中央から南西側に赤城山、榛名山、浅間山などの火山斜面が広がり、三方が高い山地で囲まれている。南東側は関東平野の北西端にあたる平地である。県央部の前橋と高崎は利根川をはさんで隣接し、行政と交通の中核で、県南東部とともに工業化と人口増加が進んでいる。県西部には古く西の長野県から東山道（江戸時代からは中山道）が東西に通り、養蚕業が盛んで近代産業の主要地だった。県北部の大部分は山地で、高原野菜や酪農などを除いて、一般に農牧林業は不振で過疎が進んでいる。

　古墳が多く分布し、西方の大和王権との関連性も深かったと考えられている。古代には絹と馬が特産だった。1069年に浅間山が大噴火し、律令制の弱体化とともに荘園制が進んだ。鎌倉時代に新田荘を地盤とする新田氏が有力だったが、室町時代には争乱が続いた。江戸時代には中小の藩が設置され、藩主の交代や藩の改廃が続いて9藩となった。明治維新の廃藩置県で中小9藩と天領、そして400を超える旗本領が統合されて群馬県ができた。

国宝／重要文化財の特色

　美術工芸品に国宝はなく、重要文化財が36件ある。建造物の国宝は1件、重要文化財は22件である。縄文時代の耳飾りや、古墳の出土品など考古資料が重要文化財となっている。新田荘の世良田義季によって鎌倉時代に創建された長楽寺と歴史の古い貫前神社に重要文化財が比較的集中している。新田荘は、江戸時代初期に徳川家康の父祖の地とされ、長楽寺境内に東照宮が建てられた。貫前神社の創建は不明であるが、歴代武将から崇敬を受け、江戸時代には3代将軍徳川家光が、楼門、拝殿、本殿を再建した。そのほかに近代化遺産として、世界遺産となった旧富岡製糸場や鉄道施

設がある。なお上野三碑といわれる多胡碑、山ノ上碑、金井沢碑は特別史跡となっていて、国宝ではない。

◎観音塚古墳出土品

高崎市の観音塚考古資料館で収蔵・展示。古墳時代後期の考古資料。観音塚古墳の出土品は、太平洋戦争末期の1945年3月に防空壕の開削中に偶然発見され、30種300余点ある。観音塚古墳は信濃地方から峠を越えて平野部に入る地点、高崎市西端の烏川と碓氷川にはさまれた台地上に位置する。全長97mの前方後円墳で前方部を西に向け、後円部は東にある。後円部中央に全長15.3mの横穴式石室が南に向かって開口する。横穴式石室は墓室の玄室と通路の羨道からなり、玄室から副葬品が出土した。副葬品は、大刀、鉄鉾、鉄鏃、挂甲（鎧）などの武器・武具類、馬を飾った杏葉、鏡板などの馬具類、耳環などの装身具、銅鏡、銅鋺、須恵器など多種類に及んだ。なかでも宝珠形の紐（つまみ）のある蓋、脚の付いた丸い鋺、平らな受皿の3点セットからなる承台付銅鋺は仏具に通じ、朝鮮半島から導入された仏教文化の影響がうかがえる。そのほかニワトリのトサカのような柄頭の付いた銀装鶏冠頭大刀、仏像の光背に似た金銅製心葉形透彫杏葉なども類例の少ない優品とされる。これらの副葬品は6世紀後半から7世紀初頭に製作されたと推定されている。単に装飾性に富んでいるだけでなく、古墳と仏教の接点を示す歴史的意義も高い。

◎長楽寺文書

太田市の長楽寺の所蔵。レプリカを新田荘歴史資料館と群馬県立歴史博物館で展示。鎌倉時代から室町時代の古文書。新田氏の支族世良田義季が、1221年に栄西の弟子栄朝を開山として長楽寺を開創した。最も初期の禅宗寺院の一つで、密教と禅宗を兼修する道場だった。室町時代には五山に次ぐ十刹の七位に列せられた。近世初頭に寺勢が衰えたが、世良田氏の末裔を名乗る徳川家康が復興し、天海が入寺して天台宗に改宗した。長楽寺文書は5巻計115通からなる。長楽寺は鎌倉時代末期の正和年間（1312～17年）に焼失し、大谷道海と二人の娘の協力によって再建された。その際に新田荘内外の土地を集積して、長楽寺に寄進し再建の財源としたのだが、集積された土地の証文である手継文書が長楽寺文書の主要部分となっている。この文書を1705年に新井白石が見て5巻にまとめ、徳川家宣への進講時に上覧となった。長楽寺にはほかにも、頂相、肖像画、禅宗絵画、密教絵画、密教法具などさまざまな文化財があり、中世東国の仏教文化を伝えている。

◎泰西王侯図

藤岡市の満福寺の所蔵。レプリカを道の駅上州おにしで展示。桃山時代の絵画。ヨーロッパ王侯の肖像を描いた2幅の洋風画で、それぞれ縦134cm、横57.7cmあり、屏風の一部であった可能性がある。イエズス会のザビエルが1549年に日本に来てキリスト教を布教し始めると、布教のために神を描いた聖画の需要が急速に高まり、日本でも洋風画が描かれるようになった。また布教の便宜を得るため、権力者への贈与品として、世界図、都市図、王侯図などを描いた大型の屏風などが製作されたと考えられている。満福寺の洋風画は、炎上する都市を遠景に、兜をかぶって右手に槍をかかえ前方を見ながら歩む武人の図と、王冠を付け、羽織を着て洋風建物の前に立つ王侯を正面から描いた図の2幅である。1612年に禁教令が発令される前の頃、16世紀末ないし17世紀初頭の作品である。

◎妙義神社

富岡市にある。江戸時代後期の神社。妙義山は白雲山、金洞山、金鶏山からなり、白雲山東麓に妙義神社がある。もともと神仏習合だったが、明治維新の廃仏毀釈で神社となった。中世に妙義大権現を祀る山岳修験道として栄え、白雲山岩窟にある奥之院には大日如来が祀られていた。別当寺の白雲山高顕院石塔寺が建立され、1636年から上野寛永寺の座主、輪王寺宮の隠居所となると、修験道の行場的性格は薄らいだ。かつて仁王門と呼ばれた現在の総門から入ると、境内北側に輪王寺宮来山のために建てられた晨光閣（旧宮様御殿）と庫裡（現社務所）があり、西側の銅鳥居を抜けて長い石段を上ると唐門、そして本殿・幣殿・拝殿がある。総門は1773年に建てられ、切妻造の八脚門、高さ13mを越える高い門で屋根も大きい。寺であった頃の高顕院の扁額がまだ掲げられている。唐門は1756年に建てられ、平唐門と呼ばれる側面に唐破風のある門である。正面桟唐戸と側面に大きな鳳凰の浮彫、天井に竜の墨絵、柱頂部に菊花の籠彫、そして柱上の組物には極彩色の文様が施されている。本殿・幣殿・拝殿は唐門と同時に建てられ、入母屋造の本殿と拝殿との間に幣殿のある権現造である。拝殿正面の屋根に千鳥破風があり、軒唐破風付1間向拝が前面にある。彫刻、彩色、金具による装飾が多いが、本殿は一段と華美で、柱に金箔を押し、花頭窓に金色を多用して、壁には波と扇の彩色浮彫がはめ込まれている。日光東照宮の霊廟建築を継承した装飾に満ちた神社である。

●旧富岡製糸場

富岡市にある。明治時代前期の産業施設。殖産興業を推進するため、明治政府によって築造・運営された繭から生糸をつくる製糸工場である。江戸時代末期に、開港による海外需要の急増に応えて、手で回して生糸を巻き取る座繰製糸が盛んになったが、生産性と品質の向上を目的に、明治政府は西洋式の動力機械による器械製糸を導入することにした。フランス人技術者ポール・ブリュナを傭聘して工場を設立させ、全国から工女を募集して1872年10月から操業を開始した。横須賀船所のフランス人技術者バスティアンが工場を設計し、桁行約104mの東西2棟の置繭所と約140mの繰糸所をコ字型に配置し、その内側に蒸気釜所、外側にフランス人技術者用の3棟の洋館と工女寄宿舎を建てた。繰糸所と置繭所、3棟の洋館は、主構造の柱と梁を木材で、壁をレンガでつくる木骨レンガ造である。繰糸所と置繭所の屋根には、従来の日本建築にはなかったトラス構造という西洋式骨組が採用された。部材を三角形に結合させて、引張りか圧縮の軸方向の力しか受けないようにして安定させる構造で、繰糸所では柱のない広い作業空間が得られた。富岡製糸場の経営は当初から赤字が続き、1893年に三井組に払い下げられ、1902年からは原合名会社、1939〜87年は片倉工業の経営となった。繰糸所には、操業停止になるまで使用されていた日産HR型自動繰糸機10台がそのまま残されている。

◎碓氷峠鉄道施設

安中市にある。明治時代から大正時代の交通施設。群馬県横川〜長野県軽井沢間の碓氷峠を越える旧碓氷線の鉄道施設で、5基の橋と10本の隧道（トンネル）、変電所2棟が重要文化財になっている。当初東西の幹線鉄道として中山道線が想定されたが、東海道線に取って代わった。その後日本海側と関東とを結ぶ重要路線の建設が進められ、1885年に高崎〜横川間が開通し、さらに急勾配を走行するアプト式を採用した横川〜軽井沢間の碓氷線が1893年に開通して、高崎〜直江津間の運行が始まった。長野新幹線開業により、1997年に碓氷線は廃止された。鉄道施設のうち、高さ31.39mのめがね橋と呼ばれるレンガ造アーチ橋の碓氷第3橋梁が有名で、埼玉県の日本煉瓦製造株式会社旧煉瓦製造施設で製造された200万個以上のレンガが使用された。

☞そのほかの主な国宝／重要文化財一覧

	時代	種別	名称	保管・所有
1	縄　文	考古資料	◎茅野遺跡出土品	榛東村耳飾り館
2	縄　文	考古資料	◎千網谷戸遺跡出土品	桐生市
3	古　墳	考古資料	◎保渡田薬師塚古墳出土品	西光寺
4	古　墳	考古資料	◎塚廻り古墳群出土埴輪	群馬県立歴史博物館
5	奈　良	考古資料	◎山王廃寺塔心柱根巻石	日枝神社
6	平　安	考古資料	◎緑釉水注、緑釉埦、緑釉皿、銅鋺	群馬県立歴史博物館
7	鎌　倉	彫　刻	◎鉄造阿弥陀如来坐像	善勝寺
8	南北朝	絵　画	◎絹本墨画出山釈迦図	長楽寺
9	南北朝	絵　画	◎紙本著色地蔵菩薩霊験記	妙義神社
10	室　町	絵　画	◎紙本墨画山水図	群馬県立近代美術館
11	明治～昭和	歴史資料	◎群馬県行政文書	群馬県立文書館
12	中国／唐	工芸品	◎白銅月宮鑑	貫前神社
13	中国／南宋	絵　画	◎絹本著色羅漢像（金大受筆）	群馬県立近代美術館
14	平安前期	石　塔	◎塔婆	新里村
15	室町前期	石　塔	◎笠卒塔婆	―
16	室町後期	神　社	◎雷電神社末社八幡宮稲荷神社社殿	雷電神社
17	桃　山	寺　院	◎薬師堂	宗本寺
18	江戸前期	神　社	◎貫前神社	貫前神社
19	江戸前期～中期	民　家	◎彦部家住宅（桐生市広沢町）	―
20	江戸中期	民　家	◎旧生方家住宅 （旧所在　沼田市上之町）	沼田市
21	江戸中期～末期	神　社	◎榛名神社	榛名神社
22	江戸後期	民　家	◎富沢家住宅（吾妻郡中之条町）	中之条町
23	江戸末期	民　家	◎旧黒澤家住宅（多野郡上野村）	上野村
24	明　治	官公庁舎	◎旧群馬県衛生所	桐生市
25	明　治	産　業	◎旧新町紡績所	クラシエフーズ株式会社

城 郭

高崎城隅櫓

地域の特色

　群馬県は上野国である。中山道（東山道）の碓氷峠、越後への三国峠に代表されるように関東の交通上の要衝で、北は山地で南部は利根川の河岸段丘と関東平野である。史上初見とみられる築城は新田義重による寺尾城の挙兵の折といわれる。新田氏は源頼国の後裔と称し、世良田館を核に強大な支配地を形成。これに対し、足利氏があった。寺尾城、世良田館を中心に南北朝争乱期を迎えた。室町期に入ってからは関東管領山内上杉氏の領国となり、山内上杉氏の留守将長尾氏が勢力を張った。長尾氏支配のもと倉賀野・高山・横須・小幡・長野・赤堀氏などが在地領主となった。

　長尾氏は相模国長尾郷から生まれた武士団で、山内上杉氏のもと上野で成長した。惣社長尾、足利長尾、白井長尾の3家が代表的で、長尾景虎（後の上杉謙信）の登場で、越後上野を含め上野長尾氏が一族の動静の中心となった。有力な在地領主層では岩松・横瀬・由良氏の金山城、長野氏の箕輪城・厩橋城、小幡氏の国峰城のほか、上杉氏の本城である平井・白井、さらに八椚・倉賀野・大袋の各城などの山城が多数築かれた。

　上杉謙信は舘林城・厩橋城を本陣として、関東経営にあたり、一方、武田信玄は安中城、松井田方面から関東に侵攻。真田勢は岩櫃城から沼田方面へと軍勢を進めた。後北条氏は由良・猪俣氏らを北条氏邦・氏忠が率いる軍勢に組織して上野へ侵攻した。後北条氏勢力は戦国期末期に真田氏の沼田領に接し、名胡桃・沼田両城の帰属をめぐり、豊臣氏が介入。小田原攻めに至ったのである。

　近世では箕輪城に代わり高崎城が築かれ、沼田・厩橋・館林・安中の各城が明治まで存続した。沼田城は利根川の河岸段丘上にあり、真田氏時代に五層の天守があがり、石垣も構えられた。高崎城は井伊直政が築城、後に安藤氏、大河内松平氏などが入城。今日、乾櫓と東門が残存する。

主な城

金山城 （かなやま）
別名 新田金山城　**所在** 太田市金山町　**遺構** 土塁、空堀、石垣など　**史跡** 国指定史跡

　この城が置かれた年代は明らかではないが、八幡太郎源義家が、その第三子義国を当地に置いたということから、平安末のことかもしれない。さて、義国の子が義重で初めて新田氏を名乗る。南北朝には有名な新田義貞を生む。しかし、義貞は元弘3（1333）年に後醍醐天皇に応じて兵を挙げたまま以後金山城に帰らなかった。一説によると、義貞の孫貞氏の折、父の遺志を継いで初めて築城の工をなすというが、これも明らかではない。

　文明年間（1469～87）には若松明純が領し、太田道灌の指導により今に存する曲輪の数々を築いたものである。若松氏は新田一族で、南北朝もここにあって、謙信や後北条氏の勢にもびくともしなかったという。しかし、天文3（1534）年、謀略により後北条氏の持ち城となり、天正18（1590）年に廃城になった。

高崎城 （たかさき）
別名 和田城　**所在** 高崎市高松町　**遺構** 土塁、堀、移築隅櫓、城門

　高崎城は古く、和田城と呼ばれていた。城主和田氏は関東管領上杉氏に属して、戦功をあげた。天文7（1538）年7月の三ツ月合戦での和田信輝討死の跡を継いだ和田業繁は、上杉謙信に従って活躍。永禄4（1561）年に業繁は謙信に従って鎌倉、小田原へ出陣するが反旗をひるがえして武田信玄に属した。謙信は和田城へ兵を向けたが、城は落ちず、謙信勢は厩橋城に帰陣した。武田氏に属していた業繁は、天正3（1575）年長篠合戦に参画して、鳶之巣山砦を守ったが、徳川の重臣酒井忠次の奇襲により落命する。その子、信業は北条氏に属し、上州の旗頭となった。しかし、天正18（1590）年4月、前田利家、上杉景勝らの大軍によって包囲され、落城するに及んだ。

　徳川家康が江戸に入部すると井伊氏が箕輪城に封じられ当城を支配した。慶長2（1597）年、家康は中仙道の要に地位する当城の大改修を井伊直政に命じた。翌3年、城は未完成であったが、直政が入城し「高崎」と命名した。その後、井伊氏は彦根に封じられ、諏訪頼水、酒井家次、さらに安藤氏、松平氏、間部氏と替わり再度入封した松平氏が明治まで在城した。

館林城 <small>たてばやし</small> 　別名 尾曳城　所在 館林市城町　遺構 堀、土塁、復興城門

　築城の際、白狐が尾を曳いて城の配置を教えた、という「狐の尾曳伝説」がある。館林城は、当地の豪族赤井照光によって弘治2（1556）年に築かれた。照光の孫照康が永禄9（1566）年死去すると、その後を幼児文六が継いだ。この機に、北条氏政は上州進出の布石とするため、垪和伯耆に命じ兵2千名で館林城を包囲したが、撃退された。文六は元服して照景を名乗るが、毛呂季忠は、照景の放漫きままに対し謀叛、毛呂一族は館林城を乗っ取り籠ったが、和議が成立した。茂林寺にて会議の席上、毛呂季忠父子は小曾根の勢に包囲され、自刃し果てた。その後小田原後北条氏が入り、天正18（1590）年豊臣勢に開城する。徳川治政下になると、榊原康政、松平乗寿、徳川綱吉らが入城。綱吉が5代将軍となると、その子徳松が城主となるが、急逝後は廃城となる。宝永4（1707）年に入封した松平清武が新城を構築、今に残る城を築いた。この後、太田、松平、井上の諸氏が入城して、弘化3（1864）年、秋元志朝が入城して明治に至った。

沼田城 <small>ぬまた</small> 　別名 蔵内城、霞城　所在 沼田市西倉内町　遺構 石垣、空堀、土塁

　沼田城は、享禄2（1529）年に当地の豪族沼田顕泰の手によって起工され、天文元（1532）年に完成をみた。沼田市の薄根川に沿った要害である。

　顕泰が隠居するに及び、城主は三男朝憲がなったが、重臣金子美濃守は末子景義を城主の座に就けようと、朝憲を殺害し、沼田城は城主のないまま管領上杉氏の配下となり、金子氏が領内統治の任にあたった。管領上杉憲実は北条氏の勢力に追われ、越後の謙信に身を寄せることとなり、当城は北条氏の持ち城となった。一方で、武田勢は上州平定のため大軍を擁して利根川沿いから進軍し、天正8（1580）年6月、武田氏の臣真田昌幸により城は落ち、昌幸が城代となった。信長の甲斐武田攻めで沼田城は、滝川一益の支配となるが、本能寺の変で一益は上洛。再び真田氏が支配した。

　北条氏は武田、上杉両雄なき後、上州の要沼田城を手中にするため、再々にわたって出兵した。天正17（1589）年には豊臣秀吉の裁定で北条氏が領有。猪俣邦憲が城代で入るが、翌18年真田領名胡桃城侵攻により、豊臣秀吉の小田原攻めとなり北条氏の関東支配は終わる。秀吉は真田昌幸の長子信幸を沼田城主に封じた。真田氏はその後四代続くが信澄（信直）の代、

延宝9（1681）年所領没収。沼田城は廃城となり、五層の天守をはじめ城は破却された。元禄16（1703）年になり、本多正永が沼田を領するにあたり、当城の再築を志した。しかし、新城構築を禁じた世のため、城の作事は簡単になされた。本多氏は三代のち、享保15（1730）年幕府直轄となった。同17（1732）年黒田直邦が3万石をもって入城したが、その子直純は久留里へ移され、寛保2（1742）年土岐頼稔が入城し、以後、明治に至るまで土岐氏が続いた。

前橋城 <small>まえばし</small> 　別名 厩橋城　所在 前橋市大手町　遺構 石垣の一部、土塁、空堀

　天文20（1551）年、戦国乱世の中、関東管領上杉憲政は後北条氏に関東より追われ、越後の上杉謙信のもとへと走った。上州一帯も、小田原城を拠点とする後北条氏の手中となった城も多く、常に当城も後北条勢を前に戦火が燻り始めた。後北条氏は同年平井城を落とすと、すぐに前橋城攻略の駒を進め、当城を包囲するに及んだ。城主長野賢忠は屈強の後北条氏との戦を不利と知り、すぐさま和議に出て、後北条氏に城を明け渡し、密かに越後の謙信と通じ旧領奪回のときを待った。後北条氏は家臣の朝倉・師岡を城代に置き城を守らしめたが、永禄2（1559）年謙信は軍勢を率いて上州に入り、同10月、当城を攻め落とした。謙信はこの折、関東布陣の本拠を当城に定め、城代に賢忠を命じた。賢忠が返り咲いたのも束の間、松山城が北条・武田連合軍により落とされてしまった。この折、賢忠は病気を理由に布陣しなかったので死刑となった。

　天正18（1590）年、徳川家康が江戸入部すると、平岩親吉が3万3千石をもって、入城。慶長6（1601）年には酒井重忠が城主となり、城を大改修し、近世城郭となった。酒井氏は13万石の太守となり、この折、厩橋を前橋と改称したと伝わる。やがて酒井氏は姫路へ移封、代わって松平氏が入城するが、利根川の侵食により城の存続が危ぶまれるようになったため、明和5（1768）年松平朝矩が川越城へ場所を移転。城は破却された。しかし、その後の河川改修によって城地の崩落の危険がなくなったことから文久3（1863）年松平直克の代に再び前橋に帰り、城を再築。要所には砲台を築き近代的要素も取り入れられた。慶応3（1867）年に完成をみたが、すぐ明治となり、廃城となった。

箕輪城（みのわ） 　**所在** 高崎市箕郷町　**遺構** 土塁、堀　**史跡** 国指定史跡

城主長野氏は業政の代に、倉賀野、平井、高崎、松井田各城がその勢力下にあった。元来関東管領家上杉氏の配下にあった長野氏は、永禄4（1561）年業政の没後、城は武田方の持ち城となった。この折、城主は17歳の業盛であった。業盛は上杉謙信の援兵をまたずして最期をとげた。武田氏は内藤昌豊を城代としたが、やがて滝川一益の持ち城となる。天正18（1590）年には、井伊直政が入城、城を改修するが、徳川家康の命により高崎に移城となり慶長3（1598）年に廃城となった。

名胡桃城（なぐるみ） 　**別名** 板屋城　**所在** 利根郡みなかみ町　**遺構** 土塁、堀切、空堀

室町時代に沼田城の支城として築かれた。利根川西岸の段丘に築かれ対岸に沼田城、北方に上越国境が望まれる。天正10（1582）年上野の北条氏と真田氏領国の境目が羽柴秀吉の裁定で利根川を境にすることに決まった。ところが、北条氏の猪俣勢は利根川を渡り、真田領名胡桃城を攻撃。これを知った秀吉は激怒、小田原攻めを発令した。空堀、土塁が良好に残る。平成27（2015）年には、発掘調査の成果を踏まえ、翌年のNHK大河ドラマ「真田丸」放映にあわせて城跡の整備が進められた。

戦国大名

群馬県の戦国史

　上野国の守護は関東管領の山内上杉氏がつとめ、その守護代として長尾
氏が力を持っていた。長尾氏は県内に本拠を持つ白井長尾氏、総社長尾氏
と、上武国境に転じた鎌倉長尾氏の3家に分かれ、とくに総社長尾氏の勢
力が強かった。鎌倉長尾氏は応永23年（1416）の上杉禅秀の乱で満景が討
死したことで勢力が衰えた。

　東毛地区では衰退した新田氏嫡流に代わって、岩松氏が新田一族の惣領
となっていたが、岩松氏も礼部家と京兆家に分かれて対立、文明元年
（1469）に礼部家の家純が家老横瀬国繁の助けを得て両家を統合した。その
後岩松尚純は横瀬国繁・由良成繁父子と争って敗れ、以後は横瀬氏が実質
的に東毛を支配した。横瀬氏はのちに由良氏を名乗っている。

　文明8年（1476）上杉氏と古河公方足利成氏が対立するなか、白井長尾氏
の長尾景春が上杉氏に叛いた。上杉氏と古河公方が和睦したのち、景春は
独立勢力となり、さらに上杉氏の内紛や古河公方の内訌も加わって上野国
は混乱状態となった。永禄4年（1531）管領となった上杉憲政は平井城を本
拠として上杉氏を再建、信濃に出兵するまでに回復したが、天文15年
（1546）の河越夜戦で北条氏に大敗。北条氏方に転じる上野国衆が続出し、
同21年憲政は越後に逃れ、長尾景虎に上杉氏の名跡を譲り渡した。

　以後、越後の上杉謙信が上野国に進出する一方、信濃からは武田信玄が
侵攻し、永禄9年（1566）には箕輪城主の長野業盛を自刃させて上野西部を
支配下とした。天正6年（1578）上杉謙信が死去、その跡目争いのなかで真
田氏が沼田城を奪取。さらに武田氏が滅ぶと、真田氏は信濃真田と上野沼
田を所領とする大名に発展。厩橋には滝川一益が入ったが、本能寺の変で
一益は逃亡、上野国の大半は北条氏の領国となった。そして、同18年に北
条氏が滅ぶと、新たに江戸に入部した徳川家康の領国となった。

阿久沢氏 上野国勢多郡の国衆。永禄年間（1558～70）頃から黒川谷（桐生市黒保根町）の武士として阿久沢左馬助の名がみえる。その子とみられる阿久沢能登守は深沢城に拠って北条氏に属し、天正18年（1590）の豊臣秀吉の小田原攻めでは小田原城に入っている。同郡柏倉（群馬県前橋市柏倉）の阿久沢一族は、もとは六本木氏だったが、黒保根の阿久沢氏から嫁を迎えたことから、阿久沢氏に改称したと伝える。

安中氏 上野国碓氷郡の国衆。桓武平氏城氏の一族という。長享元年（1487）に忠親が越後国新発田（新潟県新発田市）から上野に移り、永禄2年（1559）に忠成が野尻郷（安中市）に築城、野尻を改めて安中としたというが、それ以前から山内上杉氏に属した安中氏がいた。重繁は武田氏に従い、子景繁は長篠の戦いで討死。武田氏滅亡後、景繁の子左近大夫は北条氏に属し、その滅亡とともに没落した。

飯塚氏 上野国緑野郡の国衆。同郡北谷郷（藤岡市）を本拠とした北谷衆の筆頭。琴辻の飯塚家墓地には永正4年（1507）銘・同6年銘などの五輪塔などがある。戦国時代、飯塚和泉守は武田氏家臣の長井政実に従っていた。江戸時代は三波川村（藤岡市鬼石町）の名主をつとめた。

岩松氏 上野国国衆。清和源氏新田氏一族。本来は足利氏の庶流である畠山義純は、新田義兼の女婿となり、その子時兼は母方で育った。時兼は祖母新田尼から上野国新田郡新田荘内の岩松郷（太田市）など13郷を譲与されて地頭職に任ぜられ、岩松に住んで岩松氏を称したのが祖。以後新田氏の庶流となり、新田氏に属して勢力を拡大した。建武新政で経家は飛騨守護となった他、8カ国10カ所に所領を得ている。その後、礼部家と京兆家に分かれて対立、文明元年（1469）に礼部家の家純が家老横瀬国繁の助けを得て両家を統合し、金山城（太田市金山）を築城。新田宗家の没落で新田荘を実質的に支配した。しかし明応4年（1495）尚純は横瀬国繁・由良成繁父子と争って敗れ隠居、以後は連歌師として活躍した。子昌純は金山

城主となったが名目的なもので、実権を握った由良（横瀬）氏は事実上戦国大名として活躍した。享禄年間（1528〜32）には昌純が横瀬泰繁によって殺害され、跡を継いだ弟の氏純も42歳で自害したという。

浦野氏 上野国吾妻郡の手子丸城（吾妻郡東吾妻町大戸）城主。信濃浦野氏の一族で、鎌倉時代中期頃に吾妻郡に移り住んだといい、大戸氏ともいう。永禄4年（1561）重成・重秀兄弟は武田信玄に仕えて活躍した。跡を継いだ重次は、天正10年（1582）北条氏直に敗れて討死し、落城した。

小川氏 上野国利根郡小川（利根郡みなかみ町）の国衆。赤松則村の末裔と伝える。永禄3年（1560）、越後から沼田に侵攻した上杉謙信は家臣の可遊斎を小川城に送り込んで小川氏の名跡を継がせ、沼田衆の筆頭格とした。同12年の上杉氏と北条氏の和睦交渉では、遊斎が使者として活躍している。

小幡氏 上野国甘楽郡の国衆。武蔵七党児玉党の一族とされるが異説もある。鎌倉時代の動向は不明で、建武3年（1336）に小幡右衛門尉が高師直に属して近江に出兵している。山内上杉氏譜代の家臣で、結城合戦にも上杉清方方として参陣している。戦国時代には国峰城（甘楽町）に拠り、上杉氏に仕えて甘楽郡に勢力を振るった。この間、鷹巣城（下仁田町）に分家三河守家を出した。天文15年（1546）の河越合戦で上杉憲政が敗れると、本家の憲重は北条氏康に転じたが、永禄3年（1560）の上杉謙信の関東入りの際には三河守家の信尚は総社長尾氏に属した。同9年武田信玄の上州侵攻後は、本家・三河守家はともに信玄に仕えた。天正3年（1575）の長篠の戦いには信真が参陣した。武田氏滅亡後は再び北条氏に従うが、同18年の豊臣秀吉の小田原攻めで再び没落した。

恩田氏 上野国利根郡恩田村（沼田市恩田町）の国衆。沼田氏の庶流で、発知景頼が恩田村に住んだのが祖という。永禄4年（1561）の関東幕注文（上杉家文書）には沼田衆として恩田氏の名がみえる。その後、恩田氏は真田家臣となって信濃国松代（長野市）に移った。松代藩家老の恩田家は末裔。

木部氏 上野国緑野郡木部（高崎市）の国衆。木部城に拠り、古河公方足

利成氏に仕えた。永禄6年（1563）武田信玄の上野侵攻の際に落城、範虎は岳父長野業政の箕輪城に逃れた。のち武田氏に仕え、天正10年（1582）天目山で討死した。子貞朝は北条氏に仕え、同18年小田原城で討死している。

桐生氏〔きりゅう〕　上野国山田郡の国衆。下野佐野氏の一族で、後桐生氏または桐生佐野氏と呼ばれる。桐生綱元の末裔という桐生又六郎行阿入道国綱が観応元年（1350）に柄杓山城を築いたのが祖とされる。3代豊綱は佐野氏からの養子で、以後は佐野氏と一体化した。8代重綱は松島氏、9代祐綱は細川氏を討って東毛地区に大きな勢力を持った。永禄3年（1560）に上杉謙信が関東に侵攻すると、助綱（祐綱）は謙信に従っている。助綱には子がなかったため、佐野昌綱の五男親綱を養子に迎えたが、城内が不和となり、これに乗じた由良成繁に敗れて落城。佐野に逃れたものの滅亡した。なお、戦国時代は「佐野」を称している。

倉賀野氏〔くらがの〕　上野国群馬郡の国衆。武蔵七党児玉党の一つで、秩父行高の子高俊が倉賀野三郎と称したのが祖。『吾妻鏡』建久元年（1190）の条に倉賀野三郎（高俊）の名がみえる。応永年間には光行が倉賀野城（高崎市倉賀野町）を築城、代々倉賀野を領していた。戦国時代、倉賀野城に拠って上杉謙信に属した倉賀野直行（尚行）は、永禄8年（1565）武田信玄に敗れて落城、上杉謙信のもとに逃れた。子孫は米沢藩士となっている。その後、武田信玄家臣の金井秀景が元亀元年（1570）に倉賀野城主となり、倉賀野氏と改称した。武田氏滅亡後は北条氏に従い、天正18年（1590）北条氏とともに滅亡した。

後閑氏〔ごかん〕　上野国碓氷郡の国衆。清和源氏岩松氏の末裔といい、永禄3年（1560）丹生城（富岡市）城主新田景純の子信純が武田信玄から後閑城（安中市）を与えられて後閑氏を称した。天正10年（1582）の武田氏滅亡後、長男刑部少輔・二男宮内大輔の兄弟は北条氏に仕えている。同18年小田原落城で滅亡した。

斎藤氏〔さいとう〕　上野国吾妻郡の国衆。岩櫃城（吾妻郡東吾妻町）に拠る。戦国時代、斎藤越前守は山内上杉氏に従っていたが、その没落で北条氏に属した。

永禄3年（1560）上杉謙信の関東出兵の際に郡内の岩下衆を率いて降った。同6年武田信玄が上野に侵攻、岩櫃城は真田幸隆によって落城し、憲広は越後に逃れた。

里見氏（さとみ）　上野国碓氷郡の国衆。清和源氏。新田義重の子義俊が上野国碓氷郡里見郷（高崎市）に住んで里見氏を称した。子義成は源頼朝に仕えて御家人となり、『吾妻鏡』には弓馬の名手とみえる。中里見の光明寺は義俊が建立したもので、里見氏の菩提寺であるという。戦国時代には里見城（高崎市下里見字古城）に拠った里見河内がおり末裔とみられる。長野氏に属していたが、永禄9年（1566）武田氏のため落城したという。

尻高氏（しったか）　上野国吾妻郡の国衆。白井城（渋川市）城主長尾伊玄の三男重儀が応永10年（1403）に尻高城（吾妻郡高山村尻高）を築城して拠ったのが祖。天正8年（1580）武田勝頼の上野侵攻で、利根郡宮野城主尻高左馬助、吾妻郡小城城主尻高摂津守が討たれて滅亡した。

園田氏（そのだ）　上野国山田郡園田御厨（太田市・桐生市）の国衆。藤原北家秀郷流で藤姓足利氏の庶流という。鎌倉時代は御家人となる。戦国時代は由良氏に属した。天正18年（1590）の豊臣秀吉の小田原攻めで由良氏が没落、園田氏も滅亡した。

高田氏（たかだ）　上野国甘楽郡の国衆。清和源氏頼光流。源光国の子盛員は初め美濃国に住んでいたが、のちに上野国菅野荘高田郷（富岡市妙義町）に移り、高田氏を称した。建久元年（1190）源頼朝が上洛したときの随兵のなかに高田太郎の名がみえる。南北朝時代は南朝に属した。戦国時代、上杉憲政、武田信玄、北条氏直を経て、天正19年（1591）直政のとき徳川家康に仕える。江戸時代は旗本となった。

高山氏（たかやま）　上野国緑野郡の国衆。桓武平氏で、秩父将恒の子孫の重遠が高山郷（藤岡市）に住んで高山氏を称したという。南北朝時代、高山重栄は新田義貞に属した。戦国時代は、上杉氏、武田氏、北条氏などを経て、由良氏に仕え、天正18年（1590）の由良氏の滅亡とともに新田郡下田島（太

田市）で帰農した。子孫から高山彦九郎が出ている。一族に館林藩重臣の高山氏もいる。

富岡氏　上野国邑楽郡の国衆。藤原北家秀郷流で結城氏の一族。延徳元年（1489）小泉城（邑楽郡大泉町）を築城した。5代目は小山高朝の子重朝が継いで富岡秀朝（秀高）となっている。上野国衆として北条氏に属し、天正18年（1590）の豊臣秀吉の小田原攻めでは秀朝が館林城に籠城、石田三成に敗れて滅亡した。

長尾氏　上杉氏家宰。名字の地は相模国鎌倉郡長尾郷（神奈川県横浜市栄区）。桓武平氏で、鎌倉権五郎景正の子景村が長尾氏を称したのが祖というが、鎌倉時代に幕府の御家人として活躍した長尾氏は鎌倉景政の孫景行の子孫である。宝治合戦の際に景茂・景氏父子は三浦氏方に属し、嫡流は断絶した。景茂の遺児景忠は、京にいてこの乱に与しなかった景熙の養嗣子となった。景忠はのちに上杉氏の被官となって上野・越後の守護代をつとめ、子孫は、鎌倉・足利・白井・総社の4家に分かれた。白井長尾氏は景行の子清景が祖で、上野国白井城（渋川市）に拠る。その子景守は上野守護代をつとめた。景仲・景信父子は上杉氏の家宰として上野・武蔵の守護代をつとめたが、景春は家宰となれなかったことから上杉氏に叛いて長尾景春の乱を起こしている。享禄元年（1528）景誠が家臣によって殺されたため、総社家の憲景が跡を継ぎ、永禄3年（1560）上杉謙信に従ったが、その死後は北条氏に仕え、天正18年（1590）北条氏とともに滅亡した。江戸時代、末裔は米沢藩の重臣となっている。総社長尾氏は白井長尾氏の清景の弟忠房が祖。上野国総社（前橋市）に本拠にし蒼海城に拠った。忠政は上杉憲基・憲実などの家宰をつとめた。大永年間、顕方・顕景父子は北条氏綱・長尾為景と結んで主君上杉憲寛に叛いたが失敗して失脚。永禄9年（1566）武田氏の侵攻によって越後国に逃れ上杉氏の家臣となった。

長野氏　上野国西部の戦国大名。在原姓を称しているが、『群馬県史』では石上姓としている。石上氏は古代上野の郡司をつとめており、その末裔の可能性が高い。平安時代末期から代々同国群馬郡長野郷（高崎市）を本拠とした在庁官人とみられる。その後の動向は不明で、室町時代に上州一

揆として再登場し、一貫して守護山内上杉氏に従った。文明9年（1477）の武蔵針谷原合戦では上州一揆の旗頭として西上野の小領主を取りまとめていた為兼が、永正元年（1504）の武蔵立河原合戦では房兼が討死している。一方、これとは別に箕輪城（高崎市）には代々「業」を通字とする同族の長野氏があり、厩橋と鷹留の2流に分かれていた。両長野氏は山内上杉氏重臣の総社長尾氏を追放して上杉氏内部での地位を固め、鷹留の業政は上野国西部を支配した。業政の死後、武田信玄に攻められ、子業盛（氏業とも）は永禄9年（1566）に討死して落城した。

那波氏（なは）　上野国那波郡の国衆。「なわ」ともいう。大江広元の子政広が那波氏を継承したのが祖。室町時代は上杉氏の被官だった。その後北条氏に属し、永禄3年（1560）の上杉謙信の関東入りに抵抗して滅亡した。その後、一族の顕宗が上杉氏のもとで今村城主として再興したが、天正18年（1590）出羽仙北で討死した。江戸時代は米沢藩士となり安田氏を称した。

羽尾氏（はねお）　上野国吾妻郡の国衆。名字の地は同郡羽根尾（吾妻郡長野原町）で、海野氏の庶流。戦国時代は羽尾城に拠って鎌原氏と争い、一旦和議を結んだものの、永禄5年（1562）に敗れて信濃国高井郡に落ちた。

沼田氏（ぬまた）　上野国利根郡の国衆。桓武平氏三浦氏。景朝は小沢城（沼田市町田町小沢）に拠り、顕季のとき沼田城を築城。のち上杉氏に従うが、顕泰（万喜斎）が二男弥七郎と対立したことから、弥七郎の妻の実家長野氏の攻撃を受けて越後に逃亡した。その後、弥七郎が死去したため、沼田は北条氏が支配し、一族の北条康元が沼田城に入って沼田氏を称した。永禄3年（1560）越後長尾氏によって北条氏が追われ、再び顕泰が沼田城に戻った。天正2年（1574）子景義（平八郎）のとき由良氏に通じたことから、越後上杉氏によって沼田城を追われた。

藤田氏（ふじた）　上野国利根郡の沼田城（沼田市）城主。武蔵藤田氏の一族。用土信吉は沼田城で藤田氏に属していたが、天正8年（1580）武田氏に転じて以後藤田氏を称した。同10年の武田氏滅亡後、織田信長の攻撃を受けて沼田城を退去し、越後に転じて上杉景勝に仕えた。関ヶ原合戦の際に徳川方に

同心しようとして直江兼続と対立、越後を逃れて京都の大徳寺で剃髪した。関ヶ原合戦後徳川家康に仕え下野西方藩を立藩した。

真下氏 上野国甘楽郡の国衆。児玉党の出で、名字の地は武蔵国児玉郡真下（埼玉県本庄市児玉町真下）。児玉弘行の子基直が真下氏を称した。室町時代は幕府の奉行人をつとめている。戦国時代は上野国多野郡に転じて足利長尾氏に従い、真下城（藤岡市譲原）に拠った。天文20年（1551）北条氏によって落城、以後は帰農したという。

山上氏 上野国勢多郡の国衆。藤原姓足利氏の庶流で、足利家綱の子高綱が山上氏を称したのが祖。のち山上城（桐生市新里町山上）を築城して拠った。弘治元年（1555）頃、氏秀のときに北条氏康に敗れて落城した。

由良氏 上野の戦国大名。猪俣党系横瀬氏の末裔である岩松氏家老横瀬国繁が祖。国繁は文明元年（1469）に岩松家純とともに上野国金山城を築城したが、子成繁（業繁）は岩松氏と対立、岩松氏を金山城から追った。永禄3年（1560）泰繁の子成繁（国繁の子成繁とは別人）は関東入りした上杉謙信に従い、那波氏の旧領を与えられた。また、将軍足利義輝の御供衆に列して源姓を賜り、新田一門として由良氏と改称。やがて金山城（太田市）に拠る独立した大名となり、永禄9年（1566）には上杉氏を離れて北条氏に従った。天正11年（1583）子国繁のときに北条氏に叛き、同13年金山城が落城して桐生に逃れた。同18年の豊臣秀吉の小田原攻めでは小田原城に籠城、母妙印尼の嘆願で一命を取り留め、江戸時代は高家となる。

和田氏 上野国群馬郡の国衆。相模和田氏の一族で和田義信の末裔と伝えるが詳細は不詳。群馬郡白川郷和田山（高崎市箕郷町）の土豪で、義信のときに和田城を築城した。室町時代に上州一揆として登場し、一貫して関東管領上杉氏に従っていた。戦国時代になると武田氏に属し、長篠合戦では業繁が討死。天正10年（1582）に武田氏が滅亡すると滝川一益に仕えたが、同年本能寺の変後一益が北条氏直に大敗したため氏直に降り、西上野を支配した。同18年の豊臣秀吉の小田原攻めで小田原城に籠城して敗れ、和田城も落城して一族は紀伊国に逃れたという。

◎中世の名族

新田氏
にった

　　　　上野国の武士。清和源氏の源義国の長男義重は、母が上野国司
をつとめた藤原敦基の娘だったことから、父より八幡荘（高崎市）を継承、
さらに1157（保元2）年には上野国新田郡新田荘（太田市）下司職となって
新田荘を開発、新田氏を称した。

　源頼朝の挙兵に際し、京で平家の家人となっていた義重は追討のために
下向したが、そのまま源氏の一翼として挙兵し、やがて頼朝軍に合流した。

　新田荘は義重の5人の息子、義兼（新田本家）・義俊（里見氏）・義範（山
名氏）・義季（世良田氏）・経義（額戸氏）と、義重の孫娘が足利義純に嫁い
で生まれた時兼（岩松氏）の6家に分割相続され、新田一族全体で上野国
から越後国に及ぶ大きな勢力を保っていた。

　1332（元弘2）年後醍醐天皇に呼応して楠木正成が千早城で挙兵すると、
千早城攻めに参加していた義貞も挙兵。分倍河原合戦では幕府軍に敗れた
が、三浦一族の大多和義勝率いる相模武士と合流したことで息を吹き返し、
霞ノ関合戦で大勝して一気に鎌倉に攻め込んで北条氏を滅ぼした。建武新
政では武者所頭人となって、足利氏と共に新政権において武家を率いる立
場にあった。しかし中先代の乱を契機に足利尊氏と反目、尊氏の離反後は、
後醍醐天皇を奉じて南朝を率いたが、38（延元3・暦応元）年に越前藤島（福
井市）戦死。家督を継いだ三男義宗は、異母兄の義興と共に各地を転戦した。
義興は一時鎌倉奪還を果たすが、足利基氏・畠山国清らによって武蔵国矢
口渡（大田区）で謀殺されると以後は没落。68（正平23・応安元）年越後
ぐちのわたし
で挙兵した義宗と一族の脇屋義治が上野国沼田で関東管領の上杉憲顕軍に
敗れて戦死、新田氏本宗家は事実上滅亡した。

◎近世以降の名家

秋元家
あきもと

　　　　館林藩主。上総国周准郡の国衆秋元氏の一族と伝えるが、詳細
は不詳。1592（文禄元）年長朝は徳川家康に仕えて上野国碓氷郡で500石
を与えられ、1601（慶長6）年上野総社藩1万石を立藩。その子泰朝は家康
の近習出頭人となって、1万8000石に加増され、甲斐谷村に転封。さらに
喬知は99（元禄12）年に老中となり、川越6万石に転じる。凉朝の時に再
び老中に就任し、山形6万石に転じる。1845（弘化2）年志朝の時に上野館
林藩6万石に入封した。84（明治17）年興朝の時に子爵となる。戦後、順
朝は埼玉銀行の頭取などをつとめた。

天田家
あまだ

　　　　群馬郡下滝村（高崎市）の旧家。藤原姓で、丹波国天田郷に住
んで天田氏を称したと伝える。元弘の乱に際して足利尊氏に従って関東に
移り、観応年間（1350〜1351）に戦死した20代為利の妻子が滝村に住んだ
のが祖という。江戸時代は下滝村名主の傍ら、質屋もつとめた。

飯野家
いい の

　　　　高崎城下（高崎市）の豪商で、高崎藩の掛屋。中山道高崎宿の
茶屋本陣もつとめ、酒造業も行っていた。1741（寛保元）年高崎藩の御城
方御材木御用・御払米御用役となり、54（宝暦4）年には10人扶持を与え
られ、帯刀を許されている。

板倉家
いたくら

　　　　安中藩主。1644（正保元）年関宿藩主重宗の二男重形が下野国
で1000石を分知されたのが祖。64（寛文4）年さらに9000石を分与されて1
万石となり、諸侯に列した。81（天和元）年5000石を加増されて上野安中
藩に入封した。1702（元禄15）年陸奥泉、46（延享3）年遠江相良を経て、
49（寛延2）年上野安中に再入封。幕末の7代藩主勝明は1855（安政2年）
安中郷学校を開設、高島秋帆を招いて藩士に洋式砲術を学ばせた。84（明
治17）年勝観の時子爵となる。

岩松家
いわまつ

　　　　交代寄合。足利氏の庶流である畠山時兼は母方の祖母新田尼か
ら上野国新田郡新田荘内の岩松郷（太田市）など13郷を譲与されて地頭職

に任ぜられ、岩松氏を称したのが祖。以後新田氏の庶流となり、新田宗家の没落後は新田一族として新田荘を実質的に支配した。

1590（天正18）年の徳川家康の関東入国に際して、守純は新田氏の末裔ということで抱えられたが、拝謁の際に守純が無礼な挨拶をしたため、所領は新田郡世良田の20石にとどまったという。1641（寛永18）年に秀純が4代将軍家綱に召し出されて120石に加増され交代寄合に列したが、わずか120石で交代寄合の格式を保つため内情は苦しく、江戸時代後期の当主は猫の絵を書いて販売した。

幕末、俊純は新田官軍を組織、維新後は新田氏に改称して、1884（明治17）年男爵を授けられた。子忠純は貴族院議員をつとめている。

大河内家（おお こう うち）

高崎藩主。老中松平（大河内）信綱の五男信興は家綱の小姓組番頭から、1679（延宝7）年若年寄となって諸侯に列し、82（天和2）年奏者番として常陸土浦2万2000石に入封。後3万2000石に加増された。輝貞は92（元禄5）年下野壬生を経て、95（同8）年上野高崎5万2000石に転じ、1704（宝永元）年には7万2000石に加増。その後、越後村上を経て、17（享保2）年高崎に戻り、30（同15）年老中格となる。79（安永8）年輝高の時8万2000石となる。以後、輝高・輝延も老中となっている。1884（明治17）年輝耕の時子爵となる。

奥平家（おくだいら）

小幡藩（甘楽町）藩主。1688（元禄元）年忠尚が、岳父の白河藩主忠弘から2万石を分知されて諸侯に列し、1700（同13）年領地を伊達郡内に移して桑折に陣屋を置き桑折藩を立藩したのが祖。47（延享4）年から翌年にかけて忠恒は所領を上野国に移されて、碓氷郡上里見に居した。その後若年寄となり、67（明和4）年上野国甘楽郡などに所領を移して小幡に住み小幡藩となる。忠暁は実家の松平乗邑が老中の時代に寺社奉行をつとめた。1884（明治17）年忠恕の時子爵となり、日光東照宮宮司、貴族院議員などを歴任した。

金井家（かない）

佐波郡島村（伊勢崎市境町）の豪農。武蔵七党児玉党の末裔と伝える。幕末の南画家烏洲は金井家の二男で、頼山陽（らいさんよう）、梁川星巌（やながわせいがん）らとも交わった。弟子に田崎草雲がいる。烏洲の四男が明治の書家・金井之恭（かない ゆきやす）。

1864（元治元）年の天狗党事件の際に太田で武田耕雲斎と藤田小四郎に会って討幕を試みた。維新後は新政府に出仕、貴族院議員をつとめた。之恭の二男秋蘋は漢詩人、烏洲の弟の研香（毛山）も画家として知られる。

加部家
かべ

　　　　吾妻郡大戸（東吾妻町）の豪農。平広常の末裔と伝え、1558（永禄元）年に大戸に来住して以後土着したという。江戸時代は大戸関の関所役人を世襲する傍ら、金融業や酒造業も営んで、同地を代表する豪商でもあった。代々安左衛門を名乗り、通称「加部安」といわれたが、明治初期に没落した。

岸家
きし

　　　群馬郡伊香保温泉（渋川市伊香保町）の旧家。祖岸弾正少弼藤原安忠は信濃の出で、戦国時代に信濃を追われて伊香保に落ちたとされる。子安兼は伊香保神社の神官となり、1576（天正4）年に温泉宿を創業した。その後、本家の六左衛門家（きしろく）と、分家の権左衛門家（きしごん）、又左衛門家（きしまた）の三家に分かれた。権左衛門家は老舗岸権旅館を経営している。

黒岩家
くろいわ

　　　　吾妻郡大笹村（嬬恋村）の旧家。北甘楽郡黒岩郷（富岡市）から36人で移り住んだと伝える。代々長左衛門を称し、名主の傍ら、沓掛街道大笹宿の問屋・本陣を兼ね、南木山の管理や酒造業などを営む有力者であった。名字帯刀も許されている。江戸時代中期には万座温泉の温泉株も譲り受けている。

酒井家
さかい

　　　　伊勢崎藩主。1681（天和元）年大老酒井忠清の二男（三男とも）の忠寛が、父の所領のうち佐位・那波両郡内で2万石を分知されて伊勢崎藩を立藩したのが祖。1884（明治17）年忠彰の時子爵となり、貴族院議員もとつめた。

正田家
しょうだ

　　　　館林の豪商。祖は源義国に従って新田荘尾島に来住した生田（庄田とも）隼人佐という。1590（天正18）年の徳川家康の関東入部に際して生田義豊が仕えて、その際に「生田」から「正田」に改めたといわれる。嫡流は代々徳川郷に住んで名主を世襲した。

館林の正田家はその分家で、江戸中期から代々文右衛門を称し、「米文」と号する米穀問屋の傍ら名主もつとめた。維新後、3代目文右衛門が「亀甲正」という商号で醤油醸造に転じて成功、以来館林きっての豪商となった。

正田家

　天皇家外戚・日清製粉創業家。館林正田家3代目文右衛門の二男作次郎が祖。その子貞一郎は、1900(明治33)年に館林製粉を創立、07(同40)年には日清製粉を創立して実業家として成功、貴族院議員にも選ばれた。

　貞一郎の長男は早世し、二男健次郎は数学者として名を成した。健次郎は大阪大学・武蔵大学の学長を歴任、日本における数学近代化の中心的存在といわれている。健次郎の長男・彬も経済法学者として名高く、その弟紘はソニー中国の社長。

　日清製粉は三男の英三郎が継いだ。英三郎の弟、篤五郎も東大教授で、偏光顕微鏡の権威として知られている。上皇后陛下は英三郎の長女である。

土岐家

　沼田藩主。美濃土岐氏の一族で土岐郡明智に住んで明智氏を称していたが、定明が討死したため、幼少の定政は母方の親類を頼って三河国に逃れ、母方の叔父菅沼定仙の下で成長した。明智光秀と同族であることをはばかって一時菅沼氏を名乗った後、土岐氏に復して徳川家康に仕えたのが祖。

　1590(天正18)年の関東入国の後下総国相馬郡に1万石を賜り、守谷に住む。子定義は摂津高槻(大阪府高槻市)で2万石に転じ、子孫は出羽上山2万5000石、駿河田中3万5000石を経て、5代頼稔の1742(寛保2)年上野沼田3万5000石に入封した。1884(明治17)年頼知の時子爵となる。

平形家

　三国街道中山宿(高山村中山)の旧家。戦国時代には平形丹波と称して、中山城に拠っていた。落城後、中山宿に土着、江戸時代には中山宿本宿の郷左衛門家(平形丹波家)と徳右衛門家(平形和泉家)、分家して新田宿を開いた作右衛門家の三家に分かれ、両宿の本陣・問屋をつとめた。本陣跡は国登録有形文化財である。

前田家

　七日市藩(富岡市)藩主。金沢藩祖前田利家の五男利孝が1616(元和2)年上野国甘楽郡で1万石を分知されて七日市に陣屋を構え、七日

市藩を立藩したのが祖。1884（明治17）年利昭の時に子爵となる。その長男利定は加藤内閣の逓信大臣、清浦内閣の農商務大臣をつとめている。

松平家
<small>まつだいら</small>

前橋藩主。1624（寛永元）年秀康の五男直基が越前勝山で3万石を与えられたのが祖。35（同12）年越前大野5万石、44（正保元）年出羽山形15万石を経て、48（慶安元）年には姫路15万石に入封したが、81（天和元）年の越後騒動に連座して、豊後日田7万石に減転となった。

その後、86（貞享3）年出羽山形10万石、92（元禄5）年陸奥白河15万石、1741（寛保元）年播磨姫路15万石と加増を重ね、49（寛延2）年朝矩の時に上野前橋15万石に入封。67（明和4）年利根川の水害で前橋城が被災して武蔵川越に転じ、1867（慶応3）年再び前橋藩に戻っている。84（明治17）年基則の時に伯爵となる。

矢野家
<small>やの</small>

桐生で近江屋と号した豪商。代々久左衛門を称した。近江の日野商人の出で、1717（享保2）年初代久左衛門が桐生に住んだのが祖。49（寛延2）年2代目の時に桐生新町で近江屋と号して醸造業と質商を開業、4代目は味噌醤油醸造も手掛け豪商に発展した。1902（明治35）年には呉服太物商も兼ね、27（昭和2）年10代目は百貨店・矢野呉服店を創業した。82（同57）年株式会社矢野と改称。

吉井家
<small>よしい</small>

吉井藩（高崎市）藩主。藤原北家で公家鷹司家の一族。鷹司信房の四男信平は、3代将軍徳川家光の正室本理院の弟であることから1650（慶安3）年家光に召し出されて旗本となったのが祖。53（承応2）年紀伊藩主徳川頼宣の女と結婚し、翌年松平氏を賜った。

74（延宝2）年には上野国・上総国で7000石を与えられ、1709（宝永6）年信清の時に3000石を加増されて諸侯に列し、上野国多胡郡矢田（高崎市吉井町矢田）に陣屋を置いて矢田藩を立藩した。宝暦年間、信友の時に陣屋を同郡吉井に移して吉井藩となる。

1868（明治元）年信勤は「松平」の名字を返上して吉井氏に改称し、翌年には諸藩にさきがけて版籍を奉還した。17年信宝の時に子爵となる。

博物館

群馬県立歴史博物館
〈埴輪（三人童女）〉

地域の特色

　群馬県は日本列島のほぼ中央に位置している。県西・県北地域には山々が連なり、南東部には関東平野が開ける内陸県である。2,000メートル級の山岳、尾瀬などの湿原や多くの湖沼、渓谷や利根川の清流など、変化に富む自然に恵まれている。太平洋側の気候に加えて内陸であるため夏はとても暑くなり、一方、冬は冷たく乾燥した強い季節風「空っ風」が吹く。

　群馬県の歴史で有名なのは、第二次世界大戦直後に発見、調査されたみどり市にある旧石器時代の岩宿遺跡である。旧石器時代にも人類が居住していたことを示す初めての遺跡であり、考古学研究の基礎となった。桑を育てて蚕を飼い、繭を生産する「養蚕」、繭から生糸をつくる「製糸」、その生糸を染め、織り、反物などに仕上げる「織物」という一連の「絹産業」が群馬県の産業の大きな特徴である。絹の歴史は古代にまでさかのぼり一大産地であった。明治初めには官営富岡製糸場（2014（平成26）年に世界遺産に登録）が置かれ、日本近代化を支える重要産業として発展していく。減少傾向とはいえ現在も絹に関連した産業は健在であり、その文化やかつての遺産が県内各地で守られている。県内の博物館は、自然系の他、古い歴史を紹介する考古系、多様な絹と人の営みを伝える産業系など幅広い。

主な博物館

群馬県立世界遺産センター（富岡製糸場＋絹産業遺産群）　富岡市富岡

　富岡製糸場と絹産業遺産群とは、群馬県富岡市の富岡製糸場および伊勢崎市、藤岡市、下仁田町の2市1町に点在する養蚕関連の史跡によって構成される文化遺産を指し、2014（平成26）年6月に世界遺産に登録された。そのガイダンス施設として、世界遺産としての価値や魅力を分かりやすく伝えるために20（令和2）年、上州富岡駅前にセンターが開設された。建

物は富岡倉庫株式会社が1903（明治36）年に建て、2016（平成28）年に富岡市に寄贈した「富岡倉庫１号倉庫」を改修した木骨レンガ造。室内の展示は「繭」と「生糸」をモチーフにしたデザインが採用され、世界遺産を構成する群馬の絹文化が映像を中心に紹介されている。施設は「世界を変える生糸の力」研究所（略称「セカイト」）とも称し、大学や民間と連携し、世界遺産や絹産業、絹に関する歴史文化などの研究に取り組み、情報を発信する機能ももっている。

群馬県立ぐんま昆虫の森　桐生市新里町鶴ヶ谷

　全国的にもユニークな「昆虫」をテーマにした体験型教育施設で45ヘクタールという膨大な敷地をもつ。生命の大切さおよび自然環境に関して理解を深めてもらうため2005（平成17）年に群馬県が建設した。園内には雑木林や田畑、小川などの里山が再現されており、そこに暮らす昆虫を実際に探し、手に取り、その生態を知り楽しむことができるほか、茅葺民家では四季折々の自然を感じられる里山生活が体験できる。昆虫観察館の展示では里山の生き物や世界の昆虫が紹介されている。亜熱帯の植物が生い茂る「昆虫ふれあい温室」は国内最大級の規模で、「オオゴマダラ」などが飛び交うチョウの楽園である。その他、フィールドで見た昆虫について調べてみることのできる「フォローアップ学習コーナー」が充実、昆虫クラフトやふれあいコーナーなど各種プログラムも楽しむことができる。

前橋文学館　前橋市千代田町

　詩集『月に吠える』などで知られる前橋出身の萩原朔太郎（1886～1942）は、口語自由詩を確立し日本の近代詩史に大きな足跡を残した詩人である。前橋市は他に平井晩村、高橋元吉、萩原恭次郎、伊藤信吉など多くの詩人を輩出しており「近代詩のふるさと」といわれている。1993（平成5）年に広瀬川河畔に建てられたこの文学館は、朔太郎と前橋の詩人たちの生涯や業績を広く紹介している。朔太郎展示室では朔太郎のノート、自筆原稿、書簡、著書、書跡、愛蔵品が展示されている。「詩のステージ」では朔太郎の詩の朗読が映像とともに楽しめ、朔太郎自身による朗読も聞くことができる。また、文学館の近くには朔太郎生家の土蔵、書斎、離れ座敷が移転整備され朔太郎記念館として公開されている。文学館の周辺の広瀬川河畔

緑道には多くの詩碑があり散策を楽しむことができる。

群馬県立日本絹の里　高崎市金古町

1998（平成10）年に建設された産業博物館である。展示室では群馬県の伝統産業である養蚕、繭や生糸に関する歴史をはじめ、技術や製品の開発などがわかりやすく解説され、さまざまな体験を通してシルクの素晴らしさや絹文化の豊かさを伝えている。また、日本各地の伝統的絹織物の着尺地や県内の染織業も紹介されている。体験学習が充実しており、繭クラフトや手織り、染色などを楽しむことができる。

群馬県立ぐんま天文台　吾妻郡高山村中山

1994（平成6）年、群馬県出身の向井千秋氏が日本初の女性宇宙飛行士として宇宙に飛び立ったことなどを記念して建設された。立地するのはきれいな星空で知られる高山村。直径11メートルのドーム内には世界最大級の150センチ反射式望遠鏡が備えられている。また太陽望遠鏡スペースでは、直径1メートルの太陽投影像で黒点などが観察できる。屋外には18世紀のインドの天体観測施設が再現されている。

高崎市染料植物園　高崎市寺尾町

全国でも珍しい染料植物をテーマにした植物園。園内の「染料植物の道」では、昔から衣服などを染める原料に使われてきた代表的な染料植物を観察することができる。屋内の染色工芸室では数々の染織品が展示され、古くから伝えられてきた日本の染織文化やその魅力を知ることができる。また、実習室では草木染や藍染など染色体験講座が用意され、染の世界を身近に楽しむことができる。

群馬県立歴史博物館　高崎市町綿貫町

群馬県は1万3千を超える古墳があり東国文化の中心地として栄えた。博物館では2020（令和2）年に国宝に指定された6世紀後半の前方後円墳・綿貫観音山古墳の出土品が常時展示され、埴輪や豪華な金銅製馬具などの副葬品を間近に見ることができる。その他、通史展示室では旧石器から近現代に至る群馬県の歴史や文化の特色について、実物資料を中心に映像・

模型などを用いてわかりやすく紹介している。

群馬県立自然史博物館　富岡市上黒岩

　群馬県を中心に、地球の生い立ち、自然と生命の進化、現在の自然と環境などについて紹介されている。展示室の「地球の時代」では、実物大のティランノサウルスの動く模型など迫力がある。「群馬の自然と環境」の部屋では、標高別や地域に分けて群馬の自然を再現してある。それぞれに特徴的な動植物が展示され、数多くつくられたジオラマやシアターを通して、自然の素晴らしさを知ることができる。

みどり市岩宿博物館　みどり市笠懸町阿左美

　みどり市の岩宿遺跡は、旧石器時代にも人類が居住していたことを示す初めての遺跡で日本列島の人類史を書き替えたといわれる。博物館では、岩宿遺跡の発掘調査の様子を、映像やパネルで紹介するほか、約4万年から約1.5万年前の昔に日本列島に展開された人類の生活について展示されている。また、戦後まもなく遺跡を発見した相沢忠洋の業績や岩宿遺跡発見以前の日本「旧石器時代」に関する研究についても紹介されている。

多胡碑記念館（上野三碑ガイダンス施設）　高崎市吉井町池

　711（和銅4）年に建てられた多胡碑は、栃木県の那須国造碑（700年）、宮城県の多賀城碑（762（天平勝宝6）年）と並ぶ日本三古碑の一つで国特別史跡に指定されている。奈良時代の初め711年に多胡郡が誕生した経緯などが書かれた記念碑である。碑のある場所は「いしぶみの里公園」として整備され、ガイダンス施設としての記念館では碑の歴史と、今も多くの書家たちに愛されるすぐれた書体に関しての資料も展示されている。

重監房資料館　吾妻郡草津町草津白根

　かつて、ハンセン病患者に対して強制的な隔離政策が行われ患者の逃亡や反抗がひんぱんに起きた。そのため監禁所としての「監房」が置かれ、さらに重い罰という意味での通称「重監房」といわれる特別病室がつくられた。1938（昭和13）年から戦後まで草津町のハンセン病療養所・栗生楽泉園の敷地内にあったこの施設を負の遺産として後世に伝え、人権尊重の

意識向上を狙いとして国が設置した資料館。

桐生が岡動物園　桐生市宮本町

　自然の丘陵を利用した桐生が岡公園の中にあり、緑多い園内に点在する動物舎・放飼場・水族館などに数多くの動物を飼育している。哺乳類、鳥類、爬虫類、両生類、魚類など合計94種、466点を見ることができる。大正時代から動物が展示されていた町営の桐生ヶ岡公園を前身とし1953（昭和28）年に開園した。正式開園前から全国に先駆け野生動物救護の取り組みを始めたことから、当園が日本最初の鳥獣保護センターともいわれている。

製粉ミュージアム　館林市栄町

　株式会社日清製粉創業（1900（明治33）年）の地である館林市にあり、会社の事務所として使われていた古い建物である本館と、2012（平成24）年に建てられた新館で構成される。貴重な近代遺産でもある本館内では、1世紀以上にわたる会社の歩みが紹介されている。新館では小麦や最新の製粉技術などを楽しく知ることができるほか、ミニチュアフードづくりなどの体験教室も用意されている。

太田市立新田荘歴史資料館　太田市世良田町

　新田荘は中世武士団の新田氏一族の根源地として成立した荘園で、文献資料の裏付けがある東国の中世荘園として有名である。太田市内にはそれに関する11カ所の遺跡で構成される「新田荘遺跡」があり、国の指定史跡となっている。その遺跡を構成する「長楽寺」「東照宮」がある歴史公園内に資料館は立地し、荘園「新田荘」に関する資料を中心に、古墳や埴輪など地域の豊かな歴史遺産とともに展示がされている。

田山花袋記念文学館　館林市城町

　近代文学界に大きな足跡を残した田山花袋（1872〜1930）の生涯と業績を紹介した施設である。田山家に残された花袋に関する多くの資料を中心に、自筆原稿や著書、愛用の遺品、島崎藤村、国木田独歩ら当時の近代作家との交流を示す書簡などが展示される。隣接して、7歳から14歳までおよそ8年間を過ごした「田山花袋旧居」が移築されている。

名　字

◆地域の特徴

　群馬県の最多の名字は高橋である。高橋は全国第3位の名字だが、都道府県単位で最多となっているのは群馬県と愛媛県のみと少ない。2位には長野県で最多の小林、3位は東北に圧倒的に多い佐藤と続き、群馬県の地理的状況を反映している。

　そして、4位に新井が入るのが群馬県の特徴だろう。新井の全国順位は99位にすぎず、群馬県から埼玉県北部にかけて集中している。6位の清水も群馬県・長野県・山梨県の県境付近に多い。

　10位には中島が入る。全国に広く分布している名字だが、ベスト10に入っているのは群馬県と佐賀県（5位）のみである。

　こうしてみると、群馬県は関東の中ではやや変わった名字分布といえる。これは、関東地方のなかでは最も東京の通勤圏から離れているからと思われる。もちろん、新幹線を利用することで、高崎や安中榛名あたりも東京に通勤することはできるが、他の県と比べるとベッドタウン化している地

名字ランキング（上位40位）

1	高橋	11	田村	21	青木	31	阿部
2	小林	12	田中	22	加藤	32	林
3	佐藤	13	木村	23	萩原	33	栗原
4	新井	14	山田	24	飯塚	34	井上
5	斎藤	15	金子	25	山口	35	伊藤
6	清水	16	関口	26	石井	36	大沢
7	鈴木	17	渡辺	27	岡田	37	福田
8	吉田	18	中村	28	須藤	38	根岸
9	星野	19	松本	29	今井	39	橋本
10	中島	20	金井	30	桜井	40	茂木

域はきわめて少ない。

　また、県内に古墳が多いことでもわかるように、古代豪族が栄えていた地でもあり、古くからの由緒を持つ一族も多い。

　群馬県の名字ランキングの最大の特徴は、40位の茂木である。実は続く41位には読み方の違う茂木が入っている。茂木のルーツは栃木県の茂木。この地名は「もてぎ」と読むことから、栃木県では「もてぎ」と読むことが多いが、難読のためルーツから離れるに従って、漢字本来の読み方に近い「もぎ」が増えてくる。県内では「もぎ」と「もてぎ」はほぼ同数で、やや多い「もてぎ」が40位、少ない「もぎ」が41位となっている。本書では濁点のありなしは同じ名字としてカウントしているため、40位の「もてぎ」には「もてき」が、41位の「もぎ」には「もき」が含まれている。

　44位の角田も読み方が分かれる。「つのだ」を筆頭に「かくだ」「かどた」「すみだ」などがあるが、県内ではほぼ「つのだ」と読む。県単位で44位というのも角田の全国最高順位である。これ以下では、80位富沢、87位塚越、89位須永、90位堀越が群馬県独特。

　101位以下では101位と108位に「こぐれ」が入る。101位は小暮で、108位が木暮。木暮は「きぐれ」とも読み、こちらも200位台に入っている。

　この他、生方、羽鳥、津久井、田部井、都丸、北爪、阿久沢、原沢、小板橋、小野里、黛などが独特。

● 地域による違い

　県庁所在地の前橋市を中心する中毛地区は、県内各地から人が集まって来ていることもあって比較的県全体の名字分布に近い。

　前橋市では最多が高橋で2位が小林と県ランキングと同じで、女屋や船津が集中しているのが特徴。奈良や井野も多い。旧富士見村では樺沢、旧宮城村では北爪が最多となっていたほか、旧宮城村の六本木、旧粕川村の猪熊も独特。伊勢崎市では新井、高橋の順で多く、大和が全県の7割、森尻・矢内は6割以上が集中しているほか、細井・板垣なども半数以上が伊勢崎市にある。旧境町では田島が最多で、旧赤堀町の神沢・秋間、旧東村の小保方・国定などが独特。

　東毛地区全体では小林、新井、星野が多い。現在の桐生市では星野が最多だが、合併前の旧桐生市では新井が最多だった。これは、旧新里村と旧黒保根村に星野が集中していたから。今泉や前原、毒島が多いのも特徴。

太田市は小林が2位鈴木の2倍近いという圧倒的な最多で、久保田や田島、天笠、新島、原島などが多いのが特徴。旧尾島町では茂木（もてぎ）が最多だった。館林市は川島が最多で、田部井や井野口などが多い。みどり市では高草木、赤石、鏑木などが特徴である。

　邑楽郡（おうら）も小林が多く、川島や新井も広く分布している。明和町では2位奈良、3位田口、5位篠木というかなり独自の分布。板倉町の蓮見、千代田町の酒巻、大泉町の対比地・島山、邑楽町の戸ヶ崎などが特徴である。

　高崎市を中心とする西毛地区では高橋と佐藤、新井の3つが多い。平成大合併以前の19市町村のうち、高橋が高崎市など4市町村、佐藤が富岡市など5市町、新井が安中市など4市町で最多と、多い名字が割れている。

　高崎市独特の名字が植原。旧高崎市だけで全県の8割強が集中している。吉井・長井・梅山も半数以上が高崎市に集中しており、湯浅・天田・反町なども多い。旧榛名町の中曽根・長壁・広神・島方、旧箕郷町の川浦・青柳・小和瀬、旧群馬町の志村が特徴。

　甘楽郡（かんら）では下仁田町で佐藤が最多だが、南牧村では市川、甘楽町では田村と、県全体ではあまり多くない名字が最多となっている。下仁田町の小井土・園部、南牧村の小金沢・小俣・田貝、甘楽町の大河原が独特。とくに小井土は全県の約半数が下仁田町にある。

　北毛地区は、渋川市を中心とする北群馬地区、沼田市を中心とする奥利根地区、中之条町を中心とする吾妻郡地区で大きく違っている。

　北群馬地区では高橋が圧倒的に多く、次いで小林・佐藤などが目立ち、県全体の分布と似ている。渋川市の入沢、旧子持村の小淵・石北、旧小野上村の平方、旧赤城村の木暮（きぐれ）などが独特。榛東村では富沢、吉岡町では原沢も多い。

　奥利根地区は星野・小林・林が多く、佐藤は少ない。沼田市では生方、大竹が多く、吉野や深津も独特。みなかみ町の最多は高橋だが、旧水上町では阿部、旧新治村では林が最多だった。

　吾妻郡では合併前の旧8町村で最多の名字がすべて異なっていた。現在も中之条町では関、長野原町では篠原、嬬恋村（つまごい）では黒岩、草津町は山口、高山村では後藤と、珍しいわけではないが、県内ではそれほど多くない名字が最多となっている。この他、中之条町の剣持・劔持、東村の奥木、東吾妻町の一場・水出・加部・加辺、嬬恋村の干川・熊川、草津町の湯本、

高山村の平形・都筑・割田などが独特。干川は全県の3分の2が嬬恋村にある。

● 新田一族

中世の上野国を代表する武士は新田氏である。清和源氏の源義国の長男義重は、新田荘を開発して新田氏を称した。新田荘は義重の5人の息子、義兼（新田本家）・義俊（里見氏）・義範（山名氏）・義季（世良田氏）・経義（額戸氏）と、義重の孫娘が足利義純に嫁いで生まれた時兼（岩松氏）の6家に分割相続され、新田一族全体としては上野国から越後国に及ぶ大きな勢力を保っていた。

元弘2（1332）年後醍醐天皇に呼応して楠木正成が千早城で挙兵すると、義貞は千早城攻めに参加したが翌年帰郷。討幕に転じて挙兵し、霞ノ関合戦で大勝して一気に鎌倉に攻め込んで北条氏を滅ぼした。建武新政では足利氏とともに新政権において武家を率いる立場にあったが、中先代の乱を契機に足利尊氏と反目、尊氏の離反後は後醍醐天皇を奉じて南朝を率いた。しかし、延元3・暦応元（1338）年に義貞が越前藤島（福井市）の戦いで戦死すると次第に勢力が衰え、正平23・応安元（1368）年義宗と一族の脇屋義治が上野国沼田で関東管領の上杉憲顕軍に敗れて戦死、この時点で新田氏本宗家は事実上滅亡した。

新田氏本宗家滅亡後、新田一族の惣領家となったのが、足利氏方に属していた岩松氏である。

足利氏の庶流である畠山義純は新田義兼の女婿となり、その子時兼は母方の新田家で育てられた。時兼は祖母新田尼から上野国新田郡新田荘内の岩松郷（太田市）など13郷を譲与されて地頭職に任ぜられ、以後時兼は岩松に住んで岩松氏を称し、新田氏の庶流となっていた。新田本宗家の没落は事実上の新田一族の惣領として新田荘を支配したが、享禄年間（1528～32）には昌純が横瀬泰繁によって殺害され、跡を継いだ弟の氏純も42歳で自害したといい、岩松氏も事実上滅亡した。

氏純の子守純は天正18（1590）年、徳川家康の関東入国の際に家康に拝謁。家康が自らの先祖としている新田氏の末裔ということで抱えられたが、接見の際に守純が無礼な挨拶をしたため、所領は上野国新田郡世良田のわずか20石にとどまった。のち120石に加増されて交代寄合に列したが、わずか120石で交代寄合の格式を保つため内情は苦しく、江戸時代後期の当

主は猫の絵を書いて販売し、生活を支えていた。戊辰戦争の際には新田氏を称して新田官軍を組織、維新後は正式に新田氏に改称して、男爵を授けられている。

● **正田家**

令和元（2019）年5月上皇后となった美智子さまの実家が館林の旧家正田家である。正田家は、江戸時代には館林の豪商で、近代に入ってからは日清製粉創業家として知られている。

正田家の祖は源義国に従って上野国新田荘尾島に来住した生田（庄田とも）隼人佐という。天正18（1590）年の徳川家康の関東入部に際して生田義豊が仕えて、その際に「生田」から「正田」に改めたといわれる。嫡流は代々新田郡徳川郷（太田市）に住んで名主を世襲した。

館林の正田家はその分家で、江戸中期から代々文右衛門を称し、「米文」と号する米穀問屋の傍ら目車町と新紺屋町の名主も務めた。維新後、3代目文右衛門が「亀甲正」という商号で醤油醸造に転じて成功、以来館林きっての豪商となった。この会社は現在でも正田醤油株式会社として館林市で続いており、醤油の他にも、つゆ、味噌、タバスコなど様々な調味料を販売している。

天皇家の外戚としての正田家は3代目文右衛門の二男作次郎が祖。その子貞一郎は、明治33（1900）年に館林製粉を創立、40年には日清製粉を創立して実業家として成功した。豪商から実業家に脱皮しただけではなく、貴族院議員にも選ばれるなど、館林の名家となった。

◆ **群馬県ならではの名字**

◎小保方（おほかた）

全国の6割以上が群馬県にあり、伊勢崎市の旧東村地区に小保方という地名がある。現在も伊勢崎市周辺に集中している。

◎片貝（かたがい）

全国の半数以上が群馬県にある。「かたがい」とは、川の片側が山で、もう片方が平地となっている場所を指すという。中世、吾妻郡の地侍に片貝氏があった。現在は東吾妻町や前橋市に多い。

◎北爪

全国の7割弱が群馬県にある。御所の北門に詰めたことから「北詰」となり、のちに「北爪」に変化したと伝えられる。戦国時代は女淵五郷（前橋市）

の国衆で、足利長尾氏や北条氏に属した。江戸時代嫡流は酒井家に仕え、のちに鶴岡藩士となった。

◎桑子〈くわこ〉

蚕のことを、古語で「くわこ」といい、これに「桑子」という漢字をあてたもの。養蚕の盛んだった桐生市・太田市付近に集中している。

◎田部井〈たべい〉

全国の半数弱が群馬県にある。ルーツは佐波郡田部井（伊勢崎市田部井）。同地は古くは「田部賀井」と書かれ、「ためがい」ともいう。清和源氏新田氏の庶流。新田義重の子孫経氏が田部井を開発して田部井氏と称した。元弘3（1333）年の分倍河原合戦で田部井泰寛が戦死している。戦国時代には上杉氏に属していた。

◎千明〈ちぎら〉

群馬県独特の名字で、3分の2が群馬県にある。県内では県の北部に多い。とくに沼田市、渋川市、利根郡片品村に集中している。千木良、千吉良、千輝とも書く。

◎生須〈なます〉

中之条町に集中している。平家の落人の末裔といい、中之条町六合の生須に住んで生須氏を称したと伝える。のち追手を逃れて中之条町名沢に転じて帰農したという。中之条町には「生巣」と書く名字もある。

◎藤生〈ふじう〉

桐生市付近に集中しており、山田郡広沢郷（桐生市広沢町）の旧家の藤生家は「ふじう」と読む。戦国時代は桐生城の家老だったと伝え、江戸時代は機業家として知られた。江戸後期に建立された住宅は登録有形文化財である。なお、旧赤堀町を中心に「ふじゅう」とも読むほか、太田市の旧薮塚本町などでは「ふじお」とも読む。

◎湯本〈ゆもと〉

吾妻郡草津（草津町）の旧家に湯本家があった。海野氏の一族で、建久年間、源頼朝が草津温泉に入った際、案内役を務めた細野御殿介が「湯本」の名字を与えられ、湯本幸久と名乗ったのが祖という。戦国時代は長野原城に拠り、武田氏に属した。江戸時代は代々平兵衛を称し、名主を務めた。現在も吾妻郡を中心に西毛にかけて多い。

◆群馬県にルーツのある名字

◎小此木

全国の3分の2が群馬県にある。佐位郡小此木村（伊勢崎市境）がルーツで、由良氏に属した。地名の小此木は「小柴」の「柴」の字を分解したもので、名字も小柴から転じたとみられる。

◎女屋

群馬県独特の名字で、全国の4分の3以上が群馬県にある。上野国勢多郡女屋（前橋市）がルーツで、現在でも前橋市に集中している。

◎後閑

全国の7割以上が群馬県にある。中世、碓氷郡の国衆に後閑氏がいた。清和源氏岩松氏の末裔といい、永禄3（1560）年丹生城（富岡市）城主新田景純の子信純が武田信玄から後閑城（安中市）を与えられて後閑氏を称した。天正10（1582）年の武田氏滅亡後、長男刑部少輔・二男宮内大輔の兄弟は北条氏に仕えている。同18（1590）年小田原落城で滅亡した。

◎世良田

上野新田氏の庶流で、新田郡新田荘世良田郷（太田市世良田）がルーツ。清和源氏新田氏の庶流。鎌倉幕府に仕えて、世良田郷の地頭となる。南北朝時代は南朝に属した。徳川家康はこの子孫を称している。

◎多胡

多胡郡多子（高崎市吉井町多胡）がルーツ。『源平盛衰記』に木曽義仲に従った多胡次郎家包の名があり、『吾妻鏡』にも御家人として多胡氏が登場する。津和野藩家老の多胡家は末裔。現在は安中市と高崎市に集中している。

◎山名

室町時代の大大名の一つ山名氏は、上野国多胡郡山名（高崎市山名町）がルーツで新田氏の一族である。新田義重の子義範が山名に住んで山名氏を称したのが祖。元弘元（1331）年の足利尊氏の挙兵に山名持氏が従い、伯耆守護となって山陰に勢力を伸ばした。時氏はさらに因幡・丹波・但馬・美作の守護も兼ね、一族で合わせて11カ国の守護を務めたため「六分一殿」といわれた。

◆珍しい名字

◎雨木

上野村にある名字。主君が賊に襲われた際、雨の中、大木の下で文書を

守ったことから「雨木」の名字を与えられたという。

◎鯉登
<small>こいと</small>

　前橋市の産泰神社の神主に鯉登家がある。元は上総国小糸（千葉県）に因む小糸家だったが、江戸時代中期に社殿を改築した際、鯉の滝登りの夢を見たことから「鯉登」に改称したという。

◎遠橋
<small>とおはし</small>

　甘楽町に旧家の遠橋家がある。橋爪家の遺児を遠田家が育てたことから、子孫が両家の名字から1字をとって「遠橋」と名乗ったという。

◎榑島
<small>ぬでしま</small>

　高崎市吉井町に旧家の榑島家がある。群馬郡榑島郷（前橋市）がルーツで新田義貞に従っていたが、義貞の討死後は吉井に住んだという。江戸時代は代々名主を務めた。

◎毒島
<small>ぶすじま</small>

　群馬県独特の難読名字。ブスとはトリカブトの毒のことで、トリカブトの自生していた場所に因む。戦国時代岩松氏の家臣に毒島氏があった。赤堀氏の庶流といい、沼の中の島状のところに毒島城を築いて拠っていた。現在も桐生市に集中している。

◎八月一日
<small>ほ　ずみ</small>

　旧暦の8月1日に稲の穂を摘んで神様に供え、豊作を祈願したこと神事から、「八月一日」と書いて「ほずみ」と読む。各地に点々とあり、とくに群馬県東吾妻町に多い。なお、茨城県から東北南部にかけては「八月朔日」とも書き、つくば市付近では「ほぞみ」とも読む。

◎山清水
<small>やましみず</small>

　桐生市黒保根町にある名字。越後国の出でもとは「清水」だったが、山の奥深く分け入って良質な湧水を見つけたことから、領主が「清水」に「山」を加えて「山清水」と名乗らせたという。

〈難読名字クイズ解答〉
①いかるぎ／②うたさと／③うとう／④しごか／⑤じょうぎく／⑥せいりゅう／⑦たかぎ／⑧たこまえ／⑨ちぎら／⑩つくし／⑪ぬしろ／⑫ひないかわ／⑬ぶすじま／⑭ほずみ／⑮わなじょう

Ⅱ

食の文化編

米 / 雑穀

地域の歴史的特徴

　1世紀には現高崎市内で水稲耕作が開始されていたことが遺跡の発掘調査で明らかになっている。群馬県一帯は昔「毛野国」と呼ばれた。その後「上毛野国」を経て、奈良時代に「じょうもう」と改名された。「毛」は、稲、麦などの穂先を意味する芒を指すとされ、稲作の盛んな土地柄を示している。

　12世紀頃には、前橋市上泉町から東村（現在は伊勢崎市）国定に至る全長約13kmのかんがい用水・女堀が開削された。1604（慶長9）年には総社藩主・秋元長朝が、渋川南部から高崎までの20kmにわたって利根川から水を引く天狗岩用水を完成させ、1万7,000石を開田した。1672（寛文12）年には代官・岡上景能が渡良瀬川の水を大間々で取水し赤城東南麓の笠懸野一帯に新田を開いた。

　群馬県が誕生したのは1871（明治4）年10月28日で、このとき初めて「群馬県」の名称が使用された。県名の群馬はクル（曲流）付近の地を意味するとの説があるが、異説もある。直接には勢多郡の前橋と、群馬郡の高崎が県庁を争い、県名を群馬、県庁所在地を前橋にすることで決着した。その際、山田、新田、邑楽の東毛3郡は栃木県に編入された。群馬県は10月28日を「県民の日」と定めている。

　その後、東毛3郡を編入してほぼ現在のかたちとなったのは1876（明治9）年である。

コメの概況

　群馬県の北部と西部は山地が多いこともあって、県全体の耕地面積に占める水田の率は37.8％で、全国平均（54.4％）と比べてかなり低い。このため、農業産出額に占めるコメの比率は5.3％と、全国で低い方から6番目である。品目別にみた農業産出額の順位は6位である。

水稲の作付面積、収穫量の全国順位はともに33位である。収穫量の多い市町村は、①前橋市、②館林市、③板倉町、④高崎市、④太田市、⑥伊勢崎市、⑦邑楽町、⑧沼田市、⑨千代田町、⑩安中市の順である。県内におけるシェアは、前橋市12.8％、館林市10.2％、板倉町9.7％、高崎市と太田市9.5％などで、上位5市町のシェアに極端な開きはない。

　群馬県における水稲の作付比率は、うるち米97.8％、もち米2.1％、醸造米0.2％である。作付面積の全国シェアをみると、うるち米は1.1％で全国順位が静岡県と並んで32位、もち米は0.6％で愛知県、京都府、徳島県と並んで31位、醸造用米は0.1％で埼玉県、千葉県、奈良県、宮崎県と並んで36位である。

　群馬県中央部や南部、東部の平野では、コメ収穫後の田で小麦や二条大麦をつくる二毛作が行われている。麦は5月下旬〜6月上旬頃収穫し、6月下旬までには再び水田に変身する。

知っておきたいコメの品種

うるち米

（必須銘柄）朝の光、あさひの夢、キヌヒカリ、コシヒカリ、ゴロピカリ、さわぴかり、ひとめぼれ
（選択銘柄）あきだわら、とねのめぐみ、はいほう、ミルキークイーン、ミルキープリンセス、ゆめひたち、ゆめまつり

　うるち米の作付面積を品種別にみると、「あさひの夢」39.2％、「コシヒカリ」24.9％、「ひとめぼれ」13.4％などで、これら3品種が全体の77.5％を占めている。

- **あさひの夢**　気象条件にかかわらず、安定して豊作をもたらすため、県内平坦地域に広く普及している。2015（平成27）年産の1等米比率は88.0％だった。東毛地区の「あさひの夢」の食味ランキングはA'である。
- **コシヒカリ**　JA利根沼田の銘柄コシヒカリ「田んぼの王様」は、同名のJA独自の専用肥料を使用し、刈り取り後は全生産者が食味検査を行っている。川場村雪ほたか生産組合の銘柄コシヒカリ「雪ほたか」も等級検査や食味計の検査などで基準に達しているものを3ランクに分けて出荷している。北毛地区の「コシヒカリ」の食味ランキングは特Aだ

った年もあるが、2016（平成28）年産は A だった。

- **ゆめまつり**　愛知県が「あさひの夢」と「大地の風」を交配して2007（平成19）年に育成した。県内平坦地には「あさひの夢」が普及しているが、気象災害や病害虫被害などの危険分散をはかるため2010（平成22）年に奨励（認定）品種に採用された。2015（平成27）年産の1等米比率は91.7％と高かった。中毛地区の「ゆめまつり」の食味ランキングは A である。
- **ゴロピカリ**　群馬県が「月の光」と「コシヒカリ」を交配して1992（平成4）年に育成した。上州名物の雷から名付けた「ゴロピカリ」の名付け親は当時、高崎市在住の小学生だった。

もち米

（必須銘柄）群馬糯5号、まんぷくもち

（選択銘柄）なし

　もち米の作付面積の品種別比率は「群馬糯5号」が最も多く全体の60.1％を占め、「マンゲツモチ」（11.3％）、「まんぷくもち」（8.6％）と続いている。この3品種で80.0％を占めている。

- **群馬糯5号**　群馬県が「愛知37号 C」（後の「青い空」）と「マンゲツモチ」を交配して育成した。縞葉枯病にきわめて強い。

醸造用米

（必須銘柄）五百万石、舞風、若水

（選択銘柄）改良信交、山酒4号

　醸造用米の作付面積の品種別比率は「若水」70.8％、「舞風」29.2％である。

- **若水**　愛知県が「あ系酒101」と「五百万石」を交配し、1983（昭和58）年に育成した。群馬県産の若水は、1991（平成3）年に関東地方で初めて酒造好適米として認定された。酒造好適米特有の心白が多いのが特徴である。
- **舞風**　群馬県が「サケピカリ」と「さがの華」を交配し、2008（平成20）年に育成した。群馬 KAZE 酵母との相性が良く、淡麗な仕上がりになる。2009（平成21）年産から群馬の必須銘柄。主産地はみどり

市などである。用途は醸造用が中心だが、一部はみその主原料や塩こうじの仕込みなどにも活用している。

知っておきたい雑穀

❶小麦

小麦の作付面積の全国順位は6位、収穫量は熊本県と並んで4位である。栽培品種は「さとのそら」「つるぴかり」などである。作付面積が広い市町村は①前橋市（シェア23.7％）、②伊勢崎市（21.0％）、③太田市（11.8％）、④高崎市（11.6％）、⑤玉村町（9.4％）の順である。

❷二条大麦

二条大麦の作付面積の全国順位は7位、収穫量は6位である。栽培品種は「あまぎ二条」「サチホゴールデン」「ミカモゴールデン」などである。市町村別の作付面積の順位は①邑楽町（シェア29.5％）、②館林市（27.7％）、③千代田町（21.1％）、④前橋市（12.7％）で、これら2市2町が県全体の9割以上を占めている。

❸六条大麦

六条大麦の作付面積、収穫量の全国順位はともに4位である。栽培品種は「シュンライ」「セツゲンモチ」「さやかぜ」などである。市町村別の作付面積の順位は①前橋市（シェア24.4％）、②高崎市（18.2％）、③館林市（16.9％）、④伊勢崎市（13.5％）、⑤千代田町（5.6％）で、これら4市1町が県全体の8割近くを占めている。

❹トウモロコシ（スイートコーン）

トウモロコシの作付面積の全国順位は5位、収穫量は4位である。主産地は昭和村、沼田市、伊勢崎市などである。

❺そば

そばの作付面積の全国順位は17位、収穫量は12位である。主産地は渋川市、みなかみ町、高山村、邑楽町などである。栽培品種は「常陸秋そば」「在来種」「キタワセ」などである。

❻大豆

大豆の作付面積の全国順位は35位、収穫量は34位である。県内のほぼ全域で栽培している。主産地は前橋市、高崎市、玉村町、片品村、みなかみ町などである。栽培品種は「タチナガハ」などである。

❼小豆

　小豆の作付面積の全国順位は9位、収穫量の全国順位は6位である。主産地は昭和村、沼田市、前橋市、高崎市、みなかみ町などである。

コメ・雑穀関連施設

- **群馬用水**（前橋市、高崎市、渋川市、桐生市、伊勢崎市など）　赤城山、榛名山、子持山のすそ野に広がる5市1町2村の水田や畑地6,300haに最大毎秒12m³の水を供給している。群馬用水施設は当時の水資源開発公団（現水資源機構）が1964（昭和39）〜70（同45）年に工事を行った。これによってはるか下を流れる利根川の水を使って標高の高い土地でも稲作ができるようになった。

- **長野堰用水**（高崎市）　平安時代初期に上野国守長野康業により開削され、室町時代に長野信濃守業政が今日の長野堰の原形に整備した。1814（文化11）年にはサイホンを新設して、榛名白川を横断した。明治時代には、榛名山にトンネルを貫通させ、榛名湖の水も導水した。現在は一級河川烏川から最大毎秒6.8トンを取水している。

- **雄川堰**（甘楽町）　一級河川雄川から取水して甘楽町小幡地区を北流し、北方の水田地帯を潤している。開削の時期は不明だが、江戸時代初期の1629（寛永6）〜42（同19）年に工事や改修が行われ、現在の姿になった。大堰に3カ所の取水口を設け、小堰を武家屋敷内に網目状に張り巡らせ、かんがい用水や生活用水に使われている。

- **広瀬用水**（広瀬川）（前橋市、伊勢崎市、玉村町）　広瀬川は、渋川市で利根川から分かれ、前橋市、伊勢崎市の県央穀倉地帯を潤し、再び利根川に合流している。利根川は現在の広瀬川付近を流れていたが、1539（天文8）年と43（同12）年の大氾濫によって流路を変えたため、旧河道を利用して造成された。

コメ・雑穀の特色ある料理

- **力もち**（安中市）　安中市の安政遠足マラソンは、江戸時代後期の1855（安政2）年に当時の安中藩主・板倉勝明公が藩士の鍛練のために碓氷峠の熊野権現まで7里余りの中山道を徒歩競走させたのが始まりである。その際、若武士たちをねぎらい、体力のもととなったのが手づくりの力

もちで、今も碓氷峠の名物である。

- **釜めし**（安中市）「おぎのや」は1885（明治18）年から当時の国鉄横川駅で駅弁を販売していた。1958（昭和33）年には、益子焼の土釜に、鶏肉、タケノコ、シイタケ、ゴボウなど9種類の山の幸を入れた「峠の釜めし」を発売した。
- **かつ丼**（下仁田町）　特産のネギとコンニャクに続く名物は「下仁田のかつ丼」である。一般のかつ丼と違って、卵でとじない和風のしょうゆだれが特徴である。加盟店によって、肉質やたれの味が微妙に異なる。注文を受けてから、かつを揚げるといったこだわりの店が多い。
- **ダムカレー**（みなかみ町）　県最北部で利根川の源流のあるみなかみ町は五つのダムが立地する「ダムの聖地」である。この町の名物料理が「ダムカレー」。ご飯の盛り方に工夫してつくるダムと、ダム湖に見立てたカレーの盛り方には、重力式、アーチ式、ロックフィル式の3種類の形がある。

コメと伝統文化の例

- **春駒まつり**（川場村）　川場村門前地区の吉祥寺境内の金甲稲荷神社の祭日に行われる。踊りを奉納した後、女装した若者たちが地区内の家々を回り、五穀豊穣や家内安全を祈願する。一行は、「おっとう」、「おっかあ」各1人、娘2人の4人1組で、女性役は化粧をして、日本髪のかつらや着物を身に着ける。娘役は「春駒の唄」に合わせて伝統の舞を披露する。開催日は毎年2月11日。
- **春鍬祭**（玉村町）　樋越神明宮の春鍬祭りは、その年の豊作を予祝して行う田遊びの神事で、1798（寛政10）年にはすでに行われていた。榊や樫の枝にもちをつけて鍬に見立てた「鍬持ち」が拝殿の前であぜをつくる仕種などをし、禰宜が「春鍬よーし」と叫ぶと、一同が「いつも、いつも、もも世よーし」と唱和する。開催日は毎年2月11日。
- **鳥追い祭**（中之条町）　伊勢宮での神事の後、「鳥追いだ。鳥追いだ。唐土の鳥を追いもうせ」の掛け声とともに、太鼓を叩き、町を練り歩く。鳥追い太鼓は11個あり、1763（宝暦13）年、1858（安政5）年製といった古いものが多く、群馬県の重要有形民俗文化財に指定されている。開催日は毎年1月14日。

- **にぎりっくら**（片品村）　越本武尊神社に地区の「ふかし番」が献じた炊きたての赤飯を、素手で握って参拝者が奪い合うようにして食べる。五穀豊穣、無病息災を願う村に伝わる伝統行事である。赤飯を奪い合うときにこぼれるほど豊作といわれる。子どもや高齢者専用のおひつも用意される。開催日は毎年11月3日。

- **やっさ祭り**（みなかみ町）　若宮八幡宮の五穀豊穣と水害よけを祈願する400年の伝統をもつ裸祭りである。下帯姿の裸の若者たちが、数珠つなぎになって「ヤッサ、モッサ、シンジュロウ」と声を掛け合いながら境内や社殿を回り、最後に"人柱"をつくって社殿入り口の大鈴のひもをもぎ取る。その際、ひもと鈴が一緒に取れるとその年は豊作とされる。村が水害に襲われたとき、シンジュロウという若者が、村人を腰ひもにつかまらせて助けたという言い伝えがある。開催日は毎年9月最終土曜日の夜。

こなもの

水沢うどん

地域の特色

　関東地方の北部に位置し、かつての上野国（こうずけ）であり、海はなく、中央に利根川が太平洋に向かって流れている。県全体が標高500mを超える山岳・丘陵地帯の地質は火山灰性で、大消費地向けの高原野菜の栽培が盛んに行われている。南東部には関東平野が広がり各種野菜の栽培が行われている。古くは、平地が少ないため農地は限られていたが、江戸時代になって新田の開発が進められた。産業の中心は桑の栽培で、桑を必要とする養蚕であった。以後、前橋や高崎は製糸業で栄え、桐生や伊勢原は絹織物が栄えた。現在、世界文化遺産として保存をめざしている官営富岡製糸場が発達したのは明治時代になってからである。全体的に、降水量は少ないが、山間部では冬になると積雪量が多くなる。夏の雷と晩秋から春先にかけての「空っ風」は有名で、冬は晴天で乾燥している日が多い。

食の歴史と文化

　平地が少ないので、江戸時代から畑作に力を入れた。火山性の高地の地質を利用した館林市周辺のキュウリの生産量、嬬恋村（つまごい）周辺のキャベツの生産量は多いので有名である。その他、ホウレン草、シュンギク、ニラ、トマト、レタスなどの多様な野菜の生産量も多い。周囲が山に囲まれているため、キノコの栽培も盛んである。日照時間が長いため、北部を中心にリンゴ、ブドウの栽培が盛んであり、リンゴの季節の終わり頃には、「柿田の柿」で知られている干し柿が市場に出回る。地質的には、水はけのよい下仁田（しもにた）の山間部のコンニャクは、群馬県の特産品となっている。下仁田は長ネギは肉質は軟らかく、味と姿のよいことでも有名である。200年以上の伝統をもつ野菜には、「下植木ネギ（しもうえき）」があるが、栽培量は少ない。群馬県のブランド野菜には、「国分ニンジン（こくぶ）」「陣田ミョウガ」「宮崎菜（みやざきな）」などがある。

稲作には不適当な地質なので、かつては小麦中心の食生活がみられた。郷土料理では、小麦粉を使ったものが多い。「おっきりこみ」は、小麦粉で作った麺を入れた具だくさんの汁物で、味噌仕立てと醤油仕立てがある。家庭の夕食では、小麦粉の団子を入れた「すいとん」を食べることも多い。「焼きまんじゅう」は、小麦粉と発酵菌で作った饅頭を蒸した後、甘い味噌ダレを竹串に刺して焼いたものである。渋川市の水沢寺の参詣客に供したことに始まる「水沢うどん」は400年もの歴史があり、文福茶釜で有名な茂林寺のある館林の「うどん」も有名である。群馬の人たちがうどんを食べるときには、キンピラゴボウも一緒に食べるという独特の地域性がある。そばも食膳にのぼる機会は多い。うどんを食べるときの動物性たんぱく質としてコイ料理が利用されるようである。特産の下仁田コンニャクは、刺身の他、田楽、和え物、煮物などで多様な調理法で食されている。

　近年は、新しい農作物で町興しを工夫している。その例としては発泡性の日本酒やリンゴ（旭）などがあげられる。

知っておきたい郷土料理

だんご・まんじゅう・せんべい類

①甘ねじ

　群馬県勢多郡富士見村小暮（現前橋市富士見町小暮）の郷土料理。小麦粉を練って作っただんごを砂糖醤油や小豆餡をからめて間食用として利用する。小麦粉に水を加えながらかき混ぜ、粘りをだし（粘りのでたものを「ねじっこ」という）、玉杓子ですくい、一口大にし、煮立った醤油汁の中に入れる。硬めの「すいとん」のようなものである。鍋に湯を煮立たせ、この中にちぎって入れ、出来上がったら、砂糖を加えた甘辛い醤油だれ、小豆餡、ゴマ餡をからめて食べる。

②あやめだんご

　群馬県邑楽郡板倉町大曲の郷土料理。寒晒しをした白米のくず米を石臼で挽いて粉にし、だんごや餅、まんじゅうにし、貴重なおやつとして利用する。経済力のある家では、嫁がせた娘に、結婚した主人の家に土産としてもたせることもある。板倉町は、利根川や渡良瀬川に近く、たびたび洪水に見舞われるため、米は大切で、くず米は粉にして利用する。

白米のくず米を水に浸して引き上げ、一晩凍らせるという「寒晒し」をしてから、石臼で挽いて粉にし、これをだんご、のし餅、草餅、まんじゅうにする。「あやめだんご」は、「砂糖だんご」ともいわれている。くず米の粉に熱湯を入れてよく練ってから、一口大のだんごにして茹でる。食べ方は、赤砂糖（玉砂糖）と醤油の味のついたタレの中に入れて混ぜて食べる。

③朝鮮びえだんご

　朝鮮びえとはシコクビエのこと。このヒエの粉で作っただんごの生地で、小豆餡を包んで、茹でただんご。シコクビエの粉は茶色なので、茶色のだんごとなる。間食に利用する。

④ふかしまんじゅう

　小麦粉に重曹を加えて、まんじゅうの生地を作る。この生地で、小豆餡、味噌餡、インゲン豆の餡を包んで、蒸したまんじゅう。小豆餡は甘味のものを塩味のものがある。

　「ふかしまんじゅう」は、農休み、釜の口開き（旧暦8月1日）、十五夜、七夕、養蚕終了の祝い（「おこげ祝い」）などに行事に作る。「釜の口開き」は「地獄の釜の口の開く日」で、墓を掃除する日である。この日は、「おやき」も作る。

⑤磯部煎餅

　もともとは、群馬県安中市の磯部温泉の銘菓であった。小麦粉と砂糖を磯部鉱泉水で練り上げて生地を焼き上げたせんべいである。発祥の時期は明治時代で、明治19（1886）年に、高崎と磯部間の鉄道開通を機会に、磯部温泉の土産として誕生したものであるといわれている。炭酸ソーダを含む磯部温泉（鉱泉）の水を使っているので、炭酸せんべいの一種である。

　小麦粉に、砂糖・サラダ油・塩を入れ、鉱泉水で捏ねた生地を型に流し込み、薄焼きに仕上げるのが特徴である。軽く、サクサクした食感で、淡白な塩味、舌先での溶け方が人気の秘密であった。炭酸ソーダを含むせんべいなので、軽く浮き加減がよく、口の中で溶けるような食べやすさがある。

　人工カルルス塩（硫酸ナトリウム44％、炭酸水素ナトリウム36％、塩化ナトリウム18％、硫酸カリウム2％を含む）を使った磯部せんべいに似た菓子もある。

お焼き・焼きおやつ・お好み焼き・たこ焼き類

①じり焼き

夏の間食に作る。小麦粉に水を加え、軟らかく練る。これを縁の浅い鉄鍋（ほうろく）に平たくおとし、味噌を真ん中に入れ、味噌がかくれるように上から溶いた粉をかけて焼く。下の面が焼けたら裏返して、もう一面も焼く。油を広げたフライパンで焼いてもよい。

②ちゃがし

粗く挽いた小麦粉に味噌やネギ、シソの葉、古漬けのハクサイなどを混ぜ、水を加えて捏ね、この生地で味噌あんや小豆あんを包み縁の浅い鍋で焼く。

③もろこしっちゃがし

トウモロコシの粉に熱湯を入れ、かき混ぜてから、冷めてから手で捏ねる。丸く平べったい形に整え、フライパンなどで両面を焼く。古漬けを刻んで入れることが多い。

麺類の特色　群馬県の山間部では小麦の栽培が盛んである。そのため、小麦粉を使った自家製うどんを作る家が多い。群馬県の三大うどん（館林、桐生、水沢）は室町時代から作られている。高崎から伊香保温泉に向かう街道にはうどん店が立ち並び、本尊の水沢観音の門前にもうどん店が多い。

めんの郷土料理

①水沢うどん

群馬県の榛名山麓の伊香保町水沢で作られ、400年以上の歴史をもつ手打ちうどんである。昔ながらの足踏みをし、熟成させた生地を使う。切り出した麺線は、付着しないように竹竿にかけて天日で半乾燥し、保存性を高めている。群馬の小麦粉に伊香保の湧き水、独特の味付けが特徴で、冷やしうどんで食べる。薬味にはシソの葉、ゴマを使い、具には山うど、ヤマブキ、山菜を使うのが特徴である。

②館林うどん

　群馬の地粉で作る。この地域でのうどんの食べ方の一つにキンピラゴボウとコイ料理を惣菜として食べる。

③おきりこみ（中里村〔現多野郡神流町〕）

　太めの麺線の下茹でした手打ちうどんは、煮干しのだしに、ジャガイモ、ニンジン、ゴボウ、ダイコン、ネギなどの季節の野菜を入れた汁を煮付けている中に入れて、食べる。

④おきりこみ（長野原町）

　季節の野菜を入れた味噌仕立ての汁で食べる。麺の生地には塩を入れないで、水だけで練りこむ。「切り込み」には、茹でないめんを鍋に切り込むという意味がある。具には、ダイコン、ニンジン、ゴボウなどたくさんの種類の野菜を入れる。幅広のめんを使うのは、山梨県のほうとうに似ている。

　群馬県は、質のよい小麦が収穫できるので、小麦粉を使った郷土料理が多い。その中でもうどんは、日常の食生活に欠かせないものになっている。

⑤そば

　そばは、冷やしそばで食べる。クルミをすりおろした汁をかけたものは「くるみかけしょう」という。煮干だしで食べる地域もある。具にはダイコン・ニンジン・油揚げを使う。

⑥うむどん

　水沢うどんは、透き通って軟らかい麺であるのが特徴。「うむどん」は水沢地区のうどんの呼び名である。キュウリ、ミョウガの酢漬け、海苔を添えて食べる。

⑦ながいもそば（長薯蕎麦）

　群馬県のそば料理の一つ。小麦粉、そば粉、つなぎとしての長イモを合わせて作る手打ちそば。そばを打つときに、ゴボウの葉を煮てどろどろにし乾燥したものを少量だけ入れる。そば切りは茹でた後、冷やしておく。つけ汁につけて食べるか、煮込んだ野菜入りの汁に入れて食べる。

▶ リンゴ「おぜの紅」「ぐんま名月」は群馬生まれ

くだもの

地勢と気候

　群馬県は関東平野の北西に位置する。県土の3分の2は山岳地帯である。北西の県境には標高2,000m級の山々が連なっている。赤城山、榛名山、妙義山は上毛三山とよばれる。山々からは大小400以上の川が流れ出て、そのほとんどが利根川に注いでいる。こうした山々や河川に加え、尾瀬湿原やいくつもの湖があり、バラエティ豊かな自然に恵まれている。草津温泉、伊香保温泉、水上温泉、四万温泉など温泉も多い。

　気候は南部と北部で異なり、南の平野部は太平洋型の気候で、夏に雨が多く、冬は少ない。北の山間部は、日本海側の気候に似て、雨や雪が多く、昼夜の寒暖差が大きい。全体としては、夏は雷が多く、冬は強い空っ風が吹く。

知っておきたい果物

ウメ　　群馬県のウメの栽培面積は1,060ha、収穫量は5,400トンで、全国シェアは栽培面積が6.2%、収穫量が4.8%である。栽培面積、収穫量ともに断トツの和歌山県に次いで、ともに全国2位である。

　ウメの栽培面積は群馬県における果樹全体の栽培面積の39.6%を占めており、最も多い。東日本一のウメ産地であり、県内果樹の基幹品目である。ただ、栽培面積は2002（平成14）年が最大で、それ以降は減少傾向にある。

　ウメは県内全域で栽培されているが、主産地は高崎市、安中市、渋川市、前橋市、榛東村などである。榛名山南麓の丘陵地帯には、至る所にウメ林が広がっている。

　品種別にみると、「白加賀」が64%と全体の3分の2を占め、代表品種である。これに、「梅郷」（12%）、「南高」（10%）、「織姫」（6%）などと続いている。出荷時期は5月下旬〜7月上旬頃である。

ブルーベリー

ブルーベリーの栽培面積は82.4 ha、収穫量は262トンで、ともに全国4位である。群馬県内全域で栽培されているが、主産地は川場村、沼田市、渋川市である。栽培面積は10年間で46%増加している。出荷時期は6月中旬〜9月下旬頃である。

「はやばや星」「おおつぶ星」「あまつぶ星」は群馬生まれのオリジナル品種である。「はやばや星」は、収穫の時期が6月下旬〜7月上旬頃と早い。「おおつぶ星」は、果実が約2.0gと目方があり、大きい。「あまつぶ星」は1.9gで甘さを売りにして命名している。オリジナル品種の栽培は県内全体の27%である。

販売は、もぎ取りや直売など観光客向けが主体である。市場出荷は県のオリジナル3品種が中心である。収穫、販売時期は6月下旬〜8月下旬頃である。

リンゴ

群馬県のリンゴの栽培面積は428 ha、収穫量は9,050トンで、栽培面積の全国順位は8位、収穫量は7位である。県内で生産する果樹としては、ウメに次いで収穫量が多く、基幹品目になっている。

主産地は沼田市、みなかみ町、昭和村、川場村などである。利根・沼田地域や吾妻地域には、リンゴを主体にした観光果樹園が多く、リンゴは観光農業の中心作物になっている。

「おぜの紅」「陽光」「ぐんま名月」「スリムレッド」は群馬県のオリジナル品種である。「おぜの紅」は、8月下旬〜9月上旬頃と比較的早く収穫できる。「ぐんま名月」の親は、「あかぎ」と「ふじ」である。果皮は黄色である。「スリムレッド」は、俵のような形のユニークなリンゴである。

栽培品種は、「ふじ」が43%で最も多い。これに県オリジナルの「陽光」（23%）と「ぐんま名月」（10%）、「つがる」（9%）と続いている。出荷、販売時期は9月上旬〜11月下旬頃である。

イチゴ

イチゴの作付面積の全国順位は12位、収穫量は15位である。生産品種は「やよいひめ」などである。主産地は藤岡市、前橋市、富岡市、太田市、館林市などである。出荷時期は10月下旬〜6月下旬頃である。

「やよいひめ」は群馬県のオリジナル品種である。名前のとおり、弥生（3月）以降も品質が安定していると地元の関係者は説明している。

日本ナシ 群馬県におけるナシの栽培は古く、江戸時代には前橋で栽培されていた。群馬県の基幹果樹の一つである。栽培面積は10年間で20%減少しており、全国順位は16位である。収穫量の全国順位は13位である。栽培品種は「幸水」（日本ナシ全体の34%）、「豊水」（25%）、「二十世紀」（16%）、「新高」（9%）などである。主産地は高崎市、前橋市、明和町、藤岡市などである。出荷、販売時期は8月中旬～11月下旬頃である。

カキ カキの栽培面積の全国順位は29位、収穫量は28位である。一部地域では遊休農地対策で導入されたが、生産者の高齢化などによって10年間で32%減少している。

品種別にみると、最も多いのは「富有」「甲州百目（ひゃくめ）」などの晩生種で、全体の52%と過半数を占める。「平核無」などの中生種は38%、「西村早生」などの早生種は9%である。平坦地域では、甘ガキの「松本早生富有」や「太秋（たいしゅう）」と、渋ガキの「刀根早生」「平核無」「蜂屋」、中山間地域では「平核無」が多い。渋ガキは樹上脱渋に取り組んでいる。主産地は桐生市、みどり市、太田市などである。収穫、販売時期は9月下旬～11月上旬頃である。

ブドウ ブドウの栽培面積、収穫量の全国順位はともに26位である。品種別でみると、全体の44%が「巨峰」で最も多く、「ピオーネ」（16%）、「デラウェア」（12%）、「藤稔」（10%）などと続いている。

ほぼ群馬県内全域で栽培されているものの、主産地は榛東村、吉岡町、沼田市、桐生市である。栽培方式は棚栽培のほか、垣根仕立てもある。販売は、もぎ取りや直売など観光客向けが中心である。収穫時期は8月中旬～10月中旬頃である。

キウイ キウイの栽培面積の全国順位は6位、収穫量は9位である。栽培面積は1994年がピークで、その後は後継者不足などによって減少傾向にある。品種は「ヘイワード」が93%で大宗を占め、「ともり」（6%）が続いている。主産地は甘楽町、富岡市、高崎市、吉岡町などである。野菜などとの複合経営が多く、甘楽・富岡では特産果樹として定着している。出荷時期は11月下旬～4月下旬頃である。市場出荷が主体で、一部が地元での直売にまわる。

桃 桃の栽培は高崎市を中心に各地に広がっている。栽培面積の全国順位は18位、収穫量は17位である。リンゴやナシの補完品目として

の栽培が多い。品種別では、「白桃」系の晩生種が全体の44%と最も多く、「白鳳」系の早生種31%、「あかつき」などの中生種17%などとなっている。主産地は高崎市、前橋市、沼田市、みどり市などである。収穫、販売時期は7月上旬〜9月中旬頃である。販売は、沿道での直売が中心である。一部は共同選果を行い、市場出荷にも取り組んでいる。

スモモ　スモモは高崎市を中心に各地で栽培されており、この10年間、栽培面積に大きな変化はない。栽培面積の全国順位は11位、収穫量は9位である。品種別にみると、「太陽」（34%）と「ソルダム」（33%）が全体の3分の2を占めている。これに「大石早生」（11%）、「貴陽」（7%）などと続く。「太陽」や「貴陽」では、棚栽培の導入が進んでいる。主産地は高崎市、安中市、前橋市、みなかみ町などである。出荷時期は6月下旬〜9月下旬頃である。

プルーン　プルーンの栽培面積の全国順位は11位、収穫量は東京都と並んで10位である。主産地は高山村などである。

イチジク　イチジクの栽培面積の全国順位は29位、収穫量は27位である。主産地は甘楽町、安中市、高崎市、渋川市などである。収穫時期は8月下旬〜10月下旬頃である。

ギンナン　ギンナンの栽培面積の全国順位は9位、収穫量は11位である。主産地は前橋市、甘楽町、高崎市などである。

ユズ　ユズの栽培面積の全国順位は24位、収穫量の全国順位は26位である。主産地は安中市、渋川市、甘楽町などである。

ハルミ　ハルミの栽培面積、収穫量の全国順位はともに15位である。主産地は長野原町である。

清見　清見を産出するのは18府県である。群馬県における清見の栽培面積の全国順位は、山口県と並んで17位である。収穫量の全国順位は18位である。主産地は長野原町である。

ボイセンベリー　農林統計によると、主な生産地は群馬県だけである。栽培面積は0.7ha、収穫量は1.4トンである。主産地は館林市などである。

スイカ　主産地は太田市、伊勢崎市、みどり市などである。小玉スイカの出荷時期は3月上旬〜7月中旬と10月上旬〜11月下旬頃である。

サクランボ

栽培品種は「佐藤錦」「高砂」「ナポレオン」「紅秀峰」などである。主産地はみなかみ町、沼田市、昭和村、渋川市などである。出荷時期は6月中旬〜7月下旬頃である。

地元が提案する食べ方の例

りんご入りおこわ（沼田市の郷土料理）

　材料はもち米、リンゴ、ニンジン、パセリ、炒りゴマ。水に一晩つけたもち米にニンジンを加え約30分蒸した後、リンゴを加えて再び蒸す。器に盛りゴマとパセリを散らす。

リンゴの包み揚げ（JA 赤城たちばな）

　皮をむき約1cmの角切りにしたリンゴと砂糖を鍋に入れ、形が崩れる程度に煮る。これにキャラメルソースを加え、ワンタンの皮で包んで、熱した油で揚げる。

ブルーベリー入りクッキー（JA 甘楽富岡）

　ホットケーキミックスにサラダ油、ハチミツを加え、ブルーベリーを混ぜて絞り袋に入れたものをクッキングシートを敷いた天板に絞り出す。180℃で焼く。

いちごのムース（群馬県）

　裏ごしして砂糖を混ぜたイチゴ、泡立てた生クリーム、レンジで加熱し粗熱を取ったゼラチンを混ぜ合わせ、器に流し込んで冷蔵庫へ。固まったらカットしたイチゴ、ミントの葉を飾る。

ユズ茶（JA 甘楽富岡）

　薄く刻んだユズ1kgと氷砂糖500gをふたのあるびんに交互に入れる。砂糖が溶けるまで何回かびんを振って混ぜ、常温で約2か月漬け込む。カップに適量を入れ、湯を注ぐ。

消費者向け取り組み

● **榛名フルーツ街道**　国道406号沿い、桃、スモモ、ナシの季節には100軒以上の直売店が並ぶ。
● **榛東ブドウ郷**　榛東村、約30軒のブドウ園がある。

魚　食

地域の特性

　群馬県は関東地方北西部に位置する。北に三国山脈・那須連山を抱え、西に草津・白根・四阿火山(あずまや)・浅間山があり、中央部には赤城・榛名・妙義の火山が連なっている。東部には足尾山地があり北の山地に続くなど、四方が山に囲まれている。南東部が関東平野へと続き、利根川や江戸川の支流が流れている。大きな河川や湖沼は存在しないが、淡水魚は利根川や江戸川の上流に生息している。

　現在の群馬県の県庁所在地の前橋の地名の由来は「厩橋（うまやばし）」にあるという説がある。前橋の近くを利根川が流れており、利根川に橋をかけて「駅家（うまや）」のそばの橋となり、これが「厩橋」として地名化されたという説である。利根川に生息する淡水魚は、群馬県の人々のたんぱく質の給源として非常に重要であったと思われる。

魚食の歴史と文化

　群馬県には大和文化の名残といわれる古墳や仏教関係の遺跡が多いことで知られている。江戸時代後半の上野国(こうずけ)では、桑の栽培や養蚕・絹織物が盛んになった。養蚕や織物は女性の仕事であったので、女性は働き者になり現金収入を得たため、男性と対等以上に渡り歩く生活を送った。このことにより群馬県の女性は男まさりの性格がつくられたのだろうといわれている。少なくとも1930年代生まれまでの群馬県民は、川魚のコイ料理や小麦粉製品のうどんが好きである。海産魚が入手しにくかったからであろう。この年代までの群馬県民は、キンピラゴボウにうどんという素朴な組み合わせの食事でも満足していたようである。

地域の魚　　春はヤマメ・イワナ・ウグイ、夏はアユ（利根川・鏑川^{かぶら}）・ウナギ・ドジョウ、冬はドジョウ・ワカサギなどが獲れ、季節の味を楽しませてくれる。

伝統食品・郷土料理

①ヤマメ・イワナ・ウグイの料理

　イワナは関東地方では利根川水系に分布している。冷たい水を好み、ヤマメよりもさらに渓流に生息する。ウグイは河川の上流から中流に生息する。ウグイは焼き干しに加工され、魚田、煮びたし、甘露煮、南蛮漬けにする。イワナは生食には向かず、塩焼き、フライで食べることが多い。魚田は練り味噌をたっぷり塗って炙り焼きすることが多い。ヤマメの魚田の味噌には木の芽、フキノトウ、シソの葉などを加え、香りを賞味することもできる。

②フナ料理（寒ブナが美味しい）

● **フナの甘露煮**　利根川、渡良瀬川に生息する天然のフナを、醤油・砂糖・みりんで調味し、2〜4日間をかけてじっくり、骨まで軟らかくなるまで煮あげる。寒ブナが用いられるが4〜5月に獲れる小形のフナも美味しくできる。

③ナマズ料理

　館林地区で食べられる。ナマズの天ぷら、ナマズの蒲焼き、ナマズ鍋などがある。休耕田を利用してナマズの養殖が行われている。夏に出回るが、旬は冬。

● **利休焼き**　いったん素焼きしてから、さらに山椒の入った醤油をつけて焼く。

● **蒲焼き**　開いて味醂と醤油のタレをつけながら焼く。

● **天ぷら**　切身の天ぷらは生醤油で食べる。

● **すっぽん煮**　ゴボウと一緒に甘辛く煮たもの。

④コイ料理

　1〜2月の寒のものがうまい。あらい・うま煮・こいこくなど。

⑤サワガニの料理

　群馬県の山間部の渓谷や沢では、特有のサワガニ料理の〈さわがにのみそ汁〉がある。すり潰したサワガニを、塩を入れた熱湯で煮るとダシがよくでることを利用したみそ汁である。

　その他、さわがに味噌、さわがにのから揚げがある。サワガニは、寄生虫の肺吸虫の中間宿主であるから生食は厳禁であり、必ず加熱してたべる。また、まな板の上で叩いたり、砕いたりすると包丁やまな板、食器などにメタセルカリア（被囊幼虫）が飛散することがあるので、調理器具の洗浄・消毒を十分に行う。

肉　食

まえばしTONTON汁

▼前橋市の1世帯当たりの食肉購入量の変化（g）

年度	生鮮肉	牛肉	豚肉	鶏肉	その他の肉
2001	25,745	4,354	12,667	7,115	787
2006	26,239	3,091	13,704	6,971	1,059
2011	32,705	3,796	16,801	9,286	887

　群馬県は、首都圏から100km以内で農産物や畜産物の消費地が近い。食用肉を生産しても販売ルートを開発しやすいという地理的条件がよい。群馬県は水や緑が豊かで家畜を育てるのにも適した地域が多かった。土壌や気候は稲作に適さないため、食生活は小麦が中心であったので、郷土料理も小麦粉を使ったものが多い。野菜類の栽培が盛んであり、余った野菜はブタの飼育にも利用できた。古くから養豚業者は多く、平成23年2月現在の飼育頭数は全国第5位であった。現在では、群馬県はブタの肥育頭数は増え、料理店は豚肉を利用することにより街の活性化を企画している。（公社）群馬県畜産協会は、畜産経営の安定向上と良質な畜産物の生産に貢献し、畜産の振興に寄与すべく活動している。下仁田から安中への下仁田養豚グループは、群馬県安中市を本拠として養豚事業が展開されている。

　群馬県は、利根川水系の豊富な水資源と上毛三山（赤城山・榛名山・妙義山）に囲まれ畜産の盛んな地域となっている。素晴らしい環境で育てられた群馬の肉牛は、古くから風味豊かな牛肉として知られている。代表的なものに「上州牛」がある。

　豚肉の購入量は50％前後であるところから豚肉文化圏と思われる。群馬県では、毎年約70万頭のブタが県内4か所の食肉処理場において処理され、4万5,000〜4万6,000トンのブタの枝肉が生産されている。一方、食肉処理場における年間に処理される牛は8,000〜1万トンの牛肉（枝肉）が生産されている。このうち、交雑種（乳用種×肉用種）が70％以上を占める。

　凡例　生鮮肉、牛肉、豚肉、鶏肉の購入量の出所は総理府発行の「家計調査」による

銘柄牛の種類

　　　　　　群馬県は、すでに述べたように赤城山、榛名山、妙義山に囲まれた牧草の豊富な地域で肉牛が肥育されている。この自然の環境で銘柄牛も肥育されている。群馬県の銘柄牛は、それぞれの銘柄牛の産地の地元ホテル、温泉旅館、レストランなどで利用されていることが多い。赤城牛や上州牛はサシが入っているので、すき焼きやしゃぶしゃぶに利用している。

❶上州和牛

　群馬県内で肥育され、群馬県食肉卸売市場で取り扱う「上州肉」の中で、とくに和牛種を「上州和牛」という。黒毛和種の中でも優秀な血統のウシを、独自の飼料で肥育した、品質の高い牛肉である。格付けAランクのものは最上の美味しさと評判がよい。品質のよい牛肉で、軟らかく、うま味もあり、炭火焼き、ステーキ、しゃぶしゃぶなどに利用されている。生産者や専門店が薦める料理は、ステーキ、すき焼き、しゃぶしゃぶ、焼肉など特別な料理ではないが、美味しさは格別である。店によってはヒレカツ、三枚肉の角煮を提供するところもある。特別な衛生管理で飼育し、安全性を重要視しているのも特徴である。

❷赤城牛

　自然環境豊かな赤城山の麓で飼育されている黒毛和種や交雑種である。安全性を重要視した飼育をしている。脂肪の構成脂肪酸はオレイン酸やリノール酸などの不飽和脂肪酸が多いので軟らかく、甘味もあることから、赤城牛の産地に近いホテルやレストランは赤城牛肉しか使っていない。主として、ステーキ、鉄板焼き、しゃぶしゃぶ、すき焼きという形で客に提供することが多い。肉料理とともに使う野菜には、主として地元で生産している野菜を利用している。

❸低脂肪牛

　群馬県前橋市を中心として飼育されている。高たんぱく質、低脂肪の肉なのでヘルシー肉として注目され、愛好者がいる。ステーキ、ハンバーグなどに使われている。

❹榛名山麓牛

　榛名山麓の渋川市や前橋市を中心に飼育されている上州牛の一種である。鉄板焼きが最も適した美味しい食べ方ともいわれている。

❺上州新田牛

　太田市を中心として飼育している黒毛和種または黒毛和種とホルスタイン種の交雑種である。脂肪の付き方がよいので、しゃぶしゃぶなどに適している。

❻五穀牛

　群馬県の21世紀肉牛研究会の会員が改良を研究し、飼料はコメ、大豆、麦、粟、キビからなっている。熟成肉の評価は高い。

● **もつ鍋**　群馬県には牛もつ鍋を提供する店が目立つ。前橋市には四川風牛もつ鍋、高崎市、太田市には醤油味のもつ鍋がある。

知っておきたい豚肉と郷土料理

　群馬県は、行政と食肉販売専門店が協力してブタの生産と豚肉料理の普及により、群馬県の活性化に努力している。マスメディアを通しても群馬県特有の豚肉の料理を普及している。

　群馬県は養豚の盛んなところで、豚肉料理での地域活性に食品の専門店や行政が意見の交換を続けているようである。

銘柄豚の種類　群馬県では種豚の改良増殖や肉豚の生産を図るために、種豚整備のための施設や養豚生産の強化のために組織的な仕組みで行われている。そのために、群馬県全域の契約農家により計画生産され、「上州銘柄豚」「上州麦豚」は生産者ごとに特徴をだしている。大消費地の東京、横浜、川崎に近いので、養豚農家も多く、関東地方の豚肉文化に貢献している。

❶福豚

　林牧場が、60年もの間、理想のブタを目指して品種改良し続けた末に誕生したブタである。関東地方の各県にも出荷している。通常の豚肉の色に比べて赤色が濃く、霜降りの部分も多く、脂肪の融点は口腔内で溶け、あっさりしている。焼肉やしゃぶしゃぶが美味しい食べ方のようである。群馬の名物豚汁「とんとん汁」の名は、林牧場の「とんとん広場」に由来する名称と思われる。

❷愛豚<ruby>まなぶた</ruby>

前原養豚というファームが水にこだわり「活性水」を飼料に混ぜて与えている。肉質は臭みがなく、軟らかい。赤身肉の中の脂肪量が多く、脂の香りや甘味が好評の理由である。豚汁、肉じゃが、寄せ鍋、野菜炒めなどに向いている。

❸麦仕立て上州もち豚

ミツバミートというファームが、自然豊かな環境の榛名山麓で、ミネラル分の多い伏流水を飼料に加えて飼育している。肉質はきめ細かく、白色の強いブタである。上質な脂肪で甘味があり、臭みはない。焼いても硬くならないので、加熱調理による肉質の心配はないので、豚汁、とんかつ、ソテー、焼肉、串焼きにしてもよい。

❹やまと豚

フリーデンというファームが穀物主体の自社設計の配合飼料で飼育している。飼料に関しては衛生管理に配慮し、健康管理も十分に行っている。きめ細かい肉質で、脂肪は甘く、風味がある。焼いても家の中が臭くならず、冷めても美味しいので、弁当の惣菜に最適の豚肉との評判である。

❺和豚もちぶた

グローバルビッグファームが飼育しているもち豚。肉質は餅のように軟らかく、繊細な食感をもっている。ジューシーである。厚めに切った料理がよい。角煮、厚いとんかつ、ポークソテーなど。

❻上州麦豚

麦を多く含む飼料を与えて飼育している。肉質はきめ細かく滑らかである。和食・洋食・中華の各料理に向く。ハイポーク・上州育ち・奥利根もち豚・赤城ポークの4系統の麦豚の統一銘柄が「上州麦豚」である。他のブタに比べて、締まりがあり美味しいとの評判である。

❼はつらつ豚

サツマイモ、海藻、ニンニク、米を混ぜた飼料を与えている。脂肪の融点は口腔内での口どけがよいほど低い。大量には出回っていない。

❽榛名ポーク

特定の農場から導入した健康状態の安定したブタ。飼料にはイモやマイロなどのデンプン質の多い材料を使っている。口腔内で口どけの良い脂肪で、軟らかい。

❾赤城高原豚

赤城山周辺の生産者により生産されたブタ。筋肉中の脂肪含有量は適度で、保水性もよい。肉そのものはみずみずしく、いろいろな料理に使いやすい。

❿赤城ポーク

赤城山西麓で生産されているブタ。肉質はきめ細かく、保水性があり、締まりもある。早い時期から群馬県産のブタとして認められ、出荷量が安定している。

⓫加藤の芋豚（加藤ポーク）

サツマイモの入った飼料を与えて飼育している。肉がしっかりして臭みがなくしっとりしている。しゃぶしゃぶにした場合でもアクはあまり出ない。

⓬クイーンポーク

このブタの生産者が、美味しい豚肉を目指し、長年の品種改良によって生まれた品種。みずみずしい肉質で、歯切れ、食感がよい。ほとんどの料理に向く。

⓭黒豚とんくろー

恵まれた自然環境のもとで飼育された黒豚。黒豚特有の美味しさがはっきりわかる。

⓮下仁田ポーク

優秀な三元豚の品種。肉質は軟らかな赤身で甘味がある。塩コショウで焼くシンプル料理やしゃぶしゃぶに合う。

⓯えばらハーブ豚未来

高崎市周辺で飼育している。飼料にハーブを混ぜ、ハーブの飼料効果を期待して飼育されている。

豚肉料理

● **まえばし TONTON 汁** 　前橋市内の料理人11人が、2007（平成19）年に考案したオリジナル豚汁。群馬県の県庁所在地・前橋市が平成の大合併したことをきっかけとし、「TONTON のまち前橋」をキャッチフレーズに、前橋を「豚肉のまち」として定着させるための活動が始まった。群馬県産の豚肉と豊富な野菜を入れた具だくさんの味噌仕立て汁。キノ

コはバターソテーしてから入れてまろやかにする。味噌は白味噌と赤味噌を使用し、「ねじっこ」というすいとんも入れるというこだわりがある。野菜としてはジャガイモまたはサトイモ、キノコ類、ニンジン、タマネギ、ダイコン、ゴボウなど、その他にコンニャク、油揚げなどを入れる。

- **ソースかつ丼** 群馬県（高崎、伊香保、榛名地方）のかつ丼は、丼ご飯の上のとんかつにソースをかける。

- **上州かつ丼** かつ丼はご飯の上のトンカツは卵でとじてあるのが一般的であるが、上州のかつ丼は卵とじしていない。小ぶりのかつが数個のっているだけのシンプルなかつ丼。甘味のタレがしっとりとトンカツに浸みこんでいる。タレは長年かけて足し増ししながら使っている。

- **上州味紀行ロースハム** 群馬県内で生産した良質のブタの肉を、ハム・ベーコン・焼き豚・ソーセージに加工したものである。群馬県ふるさと認証されたもの。とくに、ロースハムは、ブタのロース肉を調味液の漬けこみ低温で熟成させてからスモーク熟成したもの。

- **ソースカツ丼** ウスターソース系のトマトケチャップベースのソースに酒を加え、それに揚げたてのトンカツをくぐらせ、どんぶりに盛ったご飯の上にのせた丼もの。丼の中のご飯の上には千切りキャベツを敷いてある。群馬県の前橋、桐生の両市のご当地グルメとされている。

- **太田焼そば** 秋田の横手と静岡の富士宮とともに日本三大焼そばの一つと言われている。太田市内には80店ほどの焼そば屋がある。明治以降、工業が盛んな土地だった。中島飛行場や富士重工業のお膝元で、全国から多くの人が働き手として集まった。その中で、秋田の横手の焼きそばが影響したといわれる。地元産の麺と特産の豚肉、そして、名産品のこんにゃくを使うこと以外レシピは自由。上州太田焼そばのれん会が、"焼そばマップ"を配布して、食べ歩きを提案している。

知っておきたい鶏肉と郷土料理

銘柄鶏の種類　　上州地鶏、風雷どり、榛名うめそだち、きぬとりがある。

- **上州地鶏** 群馬県畜産試験場が品種改良して造成したものである。食味がよく、ほとんどの鶏料理に向く。もりそばのつけ汁（鴨南蛮）の鶏肉として利用される。高崎市内の焼き鳥の店には、備長炭を使うところが

多い。

知っておきたいその他の肉と郷土料理・ジビエ料理

- **上野村のイノブタ**　多野郡上野村で飼育しているイノブタである。イノシシとブタを交配させて誕生したイノブタは、上野村の自然の環境の中で飼育している。赤身肉で甘くコクがある。脂肪の融点は低いので、口腔内での口どけもよい。イノシシの野生の風味を残しながら、豚肉のようなうま味がある。イノブタ鍋やしゃぶしゃぶ、焼肉に適している。

- **イノシシ料理**　群馬県は山野が多いため、イノシシの棲息地も多く、捕獲数も多い。伊香保や草津の温泉地、下仁田など各地にイノシシ料理を提供する店がある。「ぼたん鍋」ともいう。イノシシ肉は薄く切り、皿に花びらのように盛り付けてある。群馬のイノシシ肉は臭みがなく、淡白でほのかな甘みがある。

- **クマ料理**　グルメサイト「食べログ」でも群馬県のクマ料理の店が紹介されている。水上温泉地帯の宿泊施設で、熊汁を提供する店がある。ニラなどの臭みの強い野菜との熊肉鍋または熊肉汁が用意される。宝川温泉、水上温泉などの地域の宿泊施設で提供される。古くは、水上地区ではクマの肉を食べていたと伝えられている。

地　鶏

▼前橋市の1世帯当たり年間鶏肉・鶏卵購入量

種　類	生鮮肉（g）	鶏肉（g）	やきとり（円）	鶏卵（g）
2000年	29,854	7,814	2,145	33,607
2005年	30,134	7,956	2,265	26,263
2010年	31,254	10,032	2,581	27,926

　群馬県は豚肉の飼育が盛んである。常に、いろいろな団体によってその豚肉を材料として町の活性化が考えられている。毎年のB級グルメの祭典に出店して、群馬県がPRに努める材料として豚肉やその他の食べ物を利用しているようである。群馬県の豚肉の飼育頭数は全国4位（2011年が61万頭、2012年が63万頭）、乳牛の飼育数は5位（2011年が3.9万頭、2012年も3.9万頭）であった。

　群馬県の地鶏・銘柄鶏には風雷どり、榛名うめそだち、上州地鶏（上州シャモ）、名古屋コーチン（別称：越後コーチン）、榛名赤どり、榛名百日どり、榛名若どり、ブレノワール（別称：榛名黒どり）などがあるが、飼育羽数は鹿児島県や宮崎県に比べれば少ない。銘柄名に「榛名」の名の付いたのが多いように、上州の榛名湖や榛名山に近い自然環境のもとで、開放型鶏舎で長期間、穀類、純植物性飼料、納豆やその他の特殊成分を配合した特殊な飼料と、農薬、抗生物質、食品添加物を含まない飼料で健康的な条件で飼育している。赤肉系の肉質で脂肪が少なく、歯ごたえのある食感とうま味・コク味をもつ高級肉として流通している。

　県庁所在地前橋市の1世帯当たりの生鮮肉や鶏肉の購入量は2000年から2010年までの10年間についてみると、少しずつ増加の傾向がみられる。これに対して、1世帯当たりの鶏卵の購入量が減少している。この傾向としてはコンビニエンスストア、スーパーなどで調理済み食品を購入する消費者が多く、また、サラリーマンが弁当を持参しないで、街のレストランで外食したり、子供は学校給食を、サラリーマンは社員食堂を利用することが多いから、家庭で卵料理を食べる機会が少なくなったことがあげられ

る。

　群馬県の郷土料理には、小麦粉を使った「おっ切り込み」「すいとん」「焼きまんじゅう」「すすり団子」などがあり、伝統的な加工食品にはこんにゃく、「館林うどん」「水沢うどん」もある。こんにゃくを除けば、小麦粉に含まれるでんぷんの利用が多い。動物性食品としては主として利根川の上流で漁獲される川魚料理や保存食が多かった。地球温暖化や農薬による河川や湖沼の汚染はなかなか解決できないことを考えた場合、安全性を重視して飼育している地元の地鶏の利用が今まで以上に望まれる。

　群馬県は、海を有していないので海産物の利用は多くなかったが、人の交流も物質の輸送も便利になり、海のものは鮮度低下することなく、県内の販売店に届く現在である。安価な動物性たんぱく質を得るためには養鶏を盛んにし、鶏肉を利用することが望まれる。

　郷土料理の「焼きまんじゅう」は、小麦粉と発酵菌で作るまんじゅうを蒸した後、甘い味噌だれを塗って焼いたものである。味噌だれを鶏のひき肉と味噌を和えて作るか、長野のお焼きのようにまんじゅうの中に入れる餡として鳥味噌も利用すれば、新しいバージョンの焼きまんじゅうとなると思われる。

　歴史的にみると、古代の上毛野氏という有力な豪族がいた。かれらのもとで古墳文化が栄えたが、現在はその影響はまったくなくなっている。平安時代なかばには、京都から下ってきた源氏・平家などの系譜をひく武士が古代豪族の系譜をひく人々にとってかわり、古代豪族の文化が消滅したといわれている。この時に群馬の地域に下った源氏・平家の武士たちが勢力の競い合いがなかったら、京文化の影響を受けた素敵な食文化が残っていたにちがいない。江戸時代まで小競り合いが続いたために保存食や小麦粉を中心とした郷土料理だけが継承されている。

知っておきたい鶏肉、卵を使った料理

● **タルタルカツ丼**　安中市のご当地グルメ。卵でとじない甘辛ダレを含んだカツに、濃厚なタルタルソースを掛けた丼物。甘辛のたれとタルタルソースがよく合う。輪切りにしたゆで卵の上にタルタルソースを載せた別の皿が出され、カツが揚がるまでの間、自分好みのスペシャルタルタルソースを作れる。

- **下仁田ネギ丼**　群馬県の特産の下仁田ネギを、親子丼を作る要領でだしでよく煮て、卵でとじた丼。下仁田ネギ独特の甘みと、とろとろした食感が特徴。下仁田ネギの品種は、根深、夏型ねぎで、ねぎの白い部分を食す。下仁田周辺の限られた地域で栽培しないと美味しく育たない。親子丼にしてもよい。

- **館林うどん**　群馬三大うどんの一つ。良質な小麦が穫れ、製粉業が盛んな館林地方は、名峰赤城山の伏流水もあり、江戸時代からうどん食文化がある。茹でたうどんに温泉卵、地元産の醤油をかけたシンプルなうどん。他の三大うどんは、桐生うどん、水沢うどんである。

- **鶏めし弁当**　高崎駅の駅弁。醤油味で炊いた香り高いご飯に、独自の調理法でさっぱりと作った鳥そぼろが一面に載る。その上に海苔を敷き、鳥の照り焼きとコールドチキンが載る。他には赤こんにゃくやカリカリ梅、栗甘露煮、香の物などが入る。1884（明治17）年創業の「たかべん」が1934（昭和9）年に発売したロングセラーの駅弁。木製の折箱に入っている。

卵を使った菓子

- **シルクカステラ、シルクメレンゲ**　上州銘菓。養蚕が盛んで良質な水が豊富にあり、燃料の石炭も入手しやすい富岡は、明治時代に製糸業が盛んだった。その影響で、現在でも、絹に関係する商材が残っている。絹から作ったシルクパウダーは消化吸収の良い必須アミノ酸を含んでいる。このパウダーを加えたカステラや卵白で作るメレンゲがある。シルクのようにふわっと滑らかな食感が人気。1903（明治36）年創業の「甘楽菓子工房こまつや」が有名。

- **鉢の木**　1916（大正5年）創業の「鉢の木七冨久」が作る銘菓。求肥と卵白を合わせて、淡雪羹に近い品の良い口当たりにした半生菓子。味は、紫蘇、柚子、黒糖がある。第14回全国菓子大博覧会「総裁賞」受賞。また、やわらかい玉子煎餅で、黒胡麻餡や小倉餡を包んだ洋風の和菓子「鉢の木の里」も評判である。店名の「鉢の木」は、「いざ鎌倉」で有名な謡曲「鉢の木」に由来する。

地　鶏

- **上州地鶏**　群馬県畜産試験場が育種改良し、群馬県内の孵卵場で生産したヒナを、平飼いで飼育する。薩摩鶏と比内鶏を交配した雄に、レッドロックの雌を交配した。群馬農協チキンフーズが生産する。

銘柄鶏

- **榛名うめそだち**　体重：雄平均2,850g、雌平均2,850g。植物性原料を主体とし、梅酢、ココファット（ヤシ油）を添加した飼料を用い、開放鶏舎で十分な運動をさせて健康な鶏に育てた。飼養期間は平均50日。白色コーニッシュの雄に白色プリマスロックの雌を交配。ミヤマブロイラーが生産する。

- **きぬのとり**　体重：雄平均2,850g、雌平均2,850g。植物性原料を主体とした配合飼料に、漢方薬の原料となる天然由来の植物性免疫賦活性物質を添加し、きめの細かい肉質の鶏に仕上げた。平飼いで飼養期間は平均50日。白色コーニッシュの雄に白色プリマスロックの雌を交配。ミヤマブロイラーが生産する。

たまご

- **卵太郎**　普通の卵と比べてビタミンＥを30倍、ビタミンＤを4.5倍含む卵。卵黄や卵白の盛り上がりに自信。卵の嫌な臭みがない。日本百名水の箱島湧水と同じ水源の水を与え、ヒナと飼料と環境に配慮した。約35年の卵へのこだわりから産まれた究極の卵。

- **姫黄味**　おいしい卵を作るには鶏の健康が一番と考え、餌や環境など鶏にストレスを与えない飼い方に工夫をしている。若どりが産んだ新鮮で殻が厚く、しっかりした黄身と白身の卵。卵のお姫様。赤城山を望む赤木養鶏牧場が生産する。

ヤマドリ、山鳥（キジ科） 長い尾羽が特徴の日本固有の種で、生息域は雉とは異なり、山の中なので、山鳥という。奈良時代から山鳥として知られており、万葉集や小倉百人一首にも歌われている。群馬県内の広範囲に棲息する。英名は Copper Pheasant。銅色の雉。群馬県も県鳥に指定している。

汁　物

汁物と地域の食文化

　内陸性の気候で、県庁所在地の前橋の夏の気温は40℃近くに達することがある。赤城山や谷川岳などの山地の冬の降雪量は多く、平野部や乾燥しやすいことでも知られている。

　群馬県は、稲作に適さないため江戸時代から穀類としては小麦が中心の食生活であった。そのため、小麦の加工品の小麦粉を使ったうどんや団子などの郷土料理が多く、「おっきりこみ」は小麦粉の麺を入れた具だくさんの汁物である。味噌仕立てと醤油仕立てがある。かつては、家庭の夕食にはよく利用したものである。今でも、群馬県出身の人にはうどん好きが多い。水沢うどんや館林うどんなどが有名である。

　汁物に属するものとはいえないかもしれないが、塩味の小豆汁粉に小麦粉の団子を入れた「すすりだんご」がある。群馬県の家庭でつくるおやつのようなものである。

汁物の種類と特色

　群馬県の郷土料理としての汁物には、太目の手打ちうどんのようなものを入れた「おっきりこみ」、地元のコンニャクやネギ、シイタケ、サトイモを入れ、白玉粉で繭をイメージした形にして入れた味噌仕立ての「繭（かぶら）汁」、崩した豆腐、ダイコン、ニンジンを入れる醤油仕立ての「けんちん汁」、地元のコンニャク、シイタケ、ネギの頭文字を取り出して料理の名にした味噌仕立ての「こしね汁」（学校給食用にアレンジしたものもある）、最近、田畑を荒らし問題になっているイノシシの「シシ鍋」（味噌仕立て）、小麦粉を使った伝統料理の「すいとん」（だんご汁）や「ねじっこ」（いずれも醤油仕立て）、秋の実りに感謝して作る「のっぺい汁」がある。名物のコンニャクは、田楽、和え物、刺身で食べられるが、すき焼きには下仁田ネギと下仁田コンニャクが利用されている。コンニャクの一種のしらたきを、

　凡例　1世帯当たりの食塩・醤油・味噌購入量の出所は、総理府発行の2012年度「家計調査」とその20年前の1992年度の「家計調査」による

「にゅうめん」（しらたき入りにゅうめん）に入れる新しい料理もある。

食塩・醤油・味噌の特徴

❶食塩

海に面している県でないので、海水を利用した食塩は製造していない。

❷醤油・味噌の特徴

美智子皇后の実家である正田家（醤油醸造会社）の発祥の地であり、日本の醤油や味噌の食文化の伝承を守っている地域でもある。老舗の「正田醤油」は1873（明治6）年の創業である。その他、創業1832（天保3）年の「有田屋」という老舗もある。

味噌・醤油の醸造会社は「もろみ醤油」をつくり、ダイコンやゴボウの「もろみ漬け」も製造している。通販の醤油には、「青唐辛子醤油」がある。

1992年度・2012年度の食塩・醤油・味噌の購入量

▼前橋市の1世帯当たり食塩・醤油・味噌購入量（1992年度・2012年度）

年度	食塩（g）	醤油（mℓ）	味噌（g）
1992	2,992	12,074	7,482
2012	1,883	7,768	5,131

▼上記の1992年度購入量に対する2012年度購入量の割合（%）

食塩	醤油	味噌
63.0	64.3	68.6

前橋市の1世帯当たりの醤油の購入量については、1992年度も2012年度も宇都宮市、さいたま市、浦和市の1世帯当たりの購入量に比べて多い。2012年度の1世帯当たりの食塩・醤油・味噌の購入量は、20年前の1992年度のそれらに比べ、いずれの食品も60%台である。これは、宇都宮市の食塩の55.4%、醤油の48.5%、味噌の35.3%に比べると、減少率は大きくない。自治体の健康増進担当が食生活改善運動、講演、調理実習などで食塩の適正摂取量と生活習慣病の予防について活動しているが、小麦粉を主体とした食生活においては、うどんや団子の汁づくりに醤油を使うので、醤油の購入量は多くなってしまうとも推察できる。

火山灰性の山地から河川沿いの低地まで畑作中心に、東京都という大消費地向けの各種野菜を生産している。火山性の山地は、稲作に適さなかったので、かつては小麦粉から作る麺類や団子が食生活の中心であった。郷土料理も小麦粉を使ったものが多い。麺類と淡水のコイ料理やフナ料理の組み合わせは、群馬県独特の食文化として残っている。

現在でも「下仁田ネギ」で知られるように、ネギが主要な産物である。下仁田ネギは、江戸時代の殿様に献上したことから「殿様ねぎ」の別名もある。群馬県は、冬の収穫時期に合わせて「下仁田ねぎ」祭りを開催し、下仁田ネギのさらなるPRをし、下仁田ネギの振興を図るため、産地が抱える課題の改善と下仁田町の活性化に取り組んでいる。

主な食材

❶伝統野菜・地野菜

下仁田ネギ、下植木ネギ、石倉ネギ、沼須ネギ、在来水ぶき、陣田ミョウガ、白ナス、上泉理想ダイコン、国分ニンジン、CO菜、宮内菜、宮崎菜、幅広インゲン、在来インゲン、下仁田コンニャク、その他（シイタケ、レタス、ヤマトイモ、ほうれん草、ニラなど）

❷主な淡水魚

ニジマス（ギンヒカリ）、コイ、アユ

❸食肉類

養豚や酪農が盛ん

主な汁物と材料（具材）

汁物	野菜類	粉物、豆腐	魚介類、その他
つみっこ（おつみっこ汁）	ジャガイモ、ニンジン、サトイモ、ネギ、キノコ	小麦	味噌仕立て
すすり団子		小豆（→塩味の汁粉）、小麦粉（→団子）	

けんちん汁	ゴボウ、サトイモ、ニンジン、ネギ	かち栗、豆腐	コンニャク、醤油仕立て
のっぺい汁	ニンジン、ゴボウ、サトイモ、ネギ	かち栗、片栗粉、豆腐	煮干し、コンニャク、ちくわ、醤油仕立て
ねじっこ	サトイモ、ニンジン、ネギ		煮干し、醤油仕立て
蛹汁 (かぶらじる)	ネギ、シイタケ、サトイモ(季節の野菜)	小麦粉（→団子→蛹にみたてる）	醤油仕立て
しし鍋	ダイコン、シイタケ、ネギ	うどん	イノシシ肉、味噌仕立て
すみつかれ	ダイコン、ニンジン	油揚げ	サケの頭、醤油／味噌
おっきりこみ	季節の野菜	幅広うどん	味噌／醤油仕立て
尾島ヤマトイモの団子の澄まし汁	尾島産ヤマトイモ→団子		醤油仕立ての澄まし汁
十石味噌汁			麦味噌（上野村）

郷土料理としての主な汁物

　かつての群馬県のどこの家庭でも、うどんを打ち、食卓にはうどんとコイの料理、野菜の天ぷらが用意されることが多かったようである。うどんを作るときには食塩を加えるが、冬は食塩を加えない「ほうとう」を作り、体が温まるような切り込むうどん（煮込みうどん）をつくったようである。群馬県の郷土料理の汁物には、小麦粉と野菜を材料としたものが多い。

● おっきりこみ　群馬県を代表とする郷土料理であるが、埼玉県にも同様な郷土料理がある。いずれも、海産物の入手の困難な地域であり、小麦や大豆、野菜類の栽培が盛んなので、これらを中心とした郷土料理が多い。手打ちの太麺と季節の野菜、サトイモ、ダイコンなどをたっぷりの汁で煮込んだ料理で、群馬県では「上州ほうとう」ともよんでいる。うどんを「切っては入れ、切っては入れ」て食べる様子から、「おっきりこみ」の呼び名がついたという。由来については、中国から伝来し京都の宮中で食べられていた料理で、12世紀に当時宮中に勤めていた新田義重が、覚えてきた麺料理を、上州に戻ってから好んで食べ、周囲の人々

に伝えたという説がある。

- **けんちん汁** 崩した豆腐とダイコン、ニンジン、ゴボウ、コンニャクなどを油で炒め、醤油味で調えた澄まし汁である。農家では、家屋を守ってくれるお稲荷様に、えびす講やお祭りに、けんちん汁を作って供える習慣が今でも残っている。農家の年中行事と密接に結びついている郷土料理である。
- **鏑汁** 世界遺産で有名になった富岡製糸工場で使う繭をイメージして、白玉粉を繭の団子にし、これを、コンニャク、ネギ、シイタケ、サトイモなどの季節の野菜を入れて煮込んだ汁物に浮かした郷土料理である。「鏑」は、荒船山に源を発し富岡市と甘楽郡を流れる鏑川の名に由来する。
- **こしね汁** 群馬県特産のコンニャクの「こ」、シイタケの「し」、ネギの「ね」の頭文字をとって名付けた郷土料理。地元の野菜が十分に摂れるように野菜を多くした味噌汁である。隠し味に豚肉や油揚げを入れて、やや滑らかな食感のものに仕上げている。学校給食には利用する郷土料理であるが、地元の野菜がたっぷり食べられるように切り方を工夫し、夏は白味噌を、冬は赤味噌を使うなどして、料理に変化を与えている。
- **のっぺい汁** 各地の「のっぺい汁」と同じように、秋の収穫に感謝する秋祭りに作る。赤飯、煮しめ、季節の野菜を使った「のっぺい汁」を作るのは、定番となっている。
- **すみつかれ** 2月の最初の午の日に節分の残りの豆、正月の残りの塩鮭の頭、鬼おろしにしたニンジンやダイコンで作る。邑楽、館林地区の郷土料理である。
- **すいとん（だんご汁）** 群馬県は、うどん、団子など小麦粉を使った郷土料理が多い。だんご汁は、寒い時に体の中から温まる汁物である。ダイコン、ニンジン、ハクサイ、ネギ、豚肉、油揚げなどを入れ、加熱し、沸騰したところに練った小麦粉をちぎって入れる醤油または味噌味の汁である。
- **ネギ汁** 群馬県の下仁田ネギは、栽培時に土を盛り上げ、白色部を多くしたネギである。根深ネギともよばれている。ネギのぶつ切りをだし汁で煮て、味噌で調味した味噌汁である。

伝統調味料

地域の特性

▼前橋市の１世帯当たりの調味料の購入量の変化

年　度	食塩（g）	醤油（ml）	味噌（g）	酢（ml）
1988	5,246	18,052	12,812	763
2000	3,492	9,782	6,825	2,351
2010	2,312	7,652	5,363	3,249

　群馬県は海をもたない内陸県で、大部分は太平洋式気候であるが、山間部は日本海側の気候の影響を受けるためか、特有の「空っ風」が舞うことで有名である。群馬県のコンニャクの生産量は、全国の約９割を占めていて、コンニャクの食べ方も工夫されている。家庭の味噌や醤油の購入量が他の県に比べてやや多いのはコンニャク料理と関係があるのではないかと思われる。

　館林は、現在の美智子皇后の実家である正田家の発祥の地である。正田家は醤油醸造会社という関係から、調味料の関係からは興味ある地域である。

　群馬県は平地が少なかったので、江戸時代から農地の開発が進められているが、稲作に適さなかったために、かつての群馬県の住民は、小麦が食生活の中心であった。館林うどん、水沢うどん、味噌饅頭、すすり団子、つみっこなど小麦粉を利用した郷土料理が多い。これらの小麦粉の麺類や饅頭、焼餅、団子は、味噌をつけるか、味噌仕立てか醤油仕立ての汁で食べるので、各家庭の醤油や味噌の購入量も多い。群馬県出身の人々は、うどんとキンピラという組み合わせで食べる。海の内陸地であるので海産物の入手が難しかったためにコイ・フナ・アユなどの川魚の利用が重要なたんぱく質源であった。保存食・行事食にフナの甘露煮・コイの飴煮をつくることから、調味料としての醤油・砂糖・みりんなどの購入量にも関係が

あると考えられる。

　上州焼餅は、コメの栽培の難しい山間部の小麦粉でつくった餅で、冷や飯を混ぜることもある郷土食である。一つまみの重曹と味噌・ゴマを入れた小麦粉の生地で、塩味の餡を包み、ほうろくで焼いて作る。この焼餅だけでも、調味料として味噌・食塩が必要となる。味噌饅頭は味噌付け饅頭ともいい、味噌ダレ付きの串焼き団子である。古くから沼田地方に伝えられている饅頭の生地は、小麦粉に麹を入れて発酵させて作られている。ここでの麹は小麦粉の中のでんぷんの糖化と発酵に関与している。

　水沢うどんや館林うどんは、群馬の良質の小麦粉でつくる麺で、付け汁をつけて食べることが多いので、薬味となる香味野菜や具の山菜の天ぷらなどにも特徴がある。

知っておきたい郷土の調味料

醤油・味噌

　群馬県は関東を代表する利根川とその支流に潤されている。この水を利用した醤油・味噌などの醸造会社だけでなく、清酒やビールの製造会社も存在している。群馬県の醤油・味噌の醸造会社の協同組合には13社が所属し、群馬県内で日本の食文化としての醤油と味噌を伝承を守っている。

- ● **老舗の「正田醤油」**　美智子妃殿下の縁戚にあたる「正田醤油」は明治6（1673）年創業で、醤油をメインに、時代のニーズに合わせてスープ類、みりん風調味料、各種ソース、タレも製造・販売している。味のバランスのとれた「特級しょうゆ」は、伝統的味を保った本醸造醤油である。丸大豆しょうゆ、土佐しょうゆ、「つゆ類」も製造・販売している。

- ● **もろみ醤油**　群馬県の味噌・醤油醸造会社では新鮮な野菜の「もろみ漬け」用の「もろみ醤油」も製造・販売している。味噌・醤油の醸造メーカーの吾嬬味噌・醤油㈱は、味噌や醤油の製造工程の中で生産される「もろみ」を使ったダイコン・ゴボウなどのもろみ漬けを群馬県の土産品の一つとして製造販売している。

- ● **老舗の醤油**　創業天保3（1832）年の「有田屋」は、昔ながら天然醸造の方法で作っている「丸大豆醸造醤油」「再仕込みしょうゆ」「バター飯しょうゆ」などを製造販売している。有田屋は、群馬県の西部に位置し、

長野県軽井沢町とした接した地域に位置する。この地域は、江戸時代には中山道の宿場町として栄え、榛名山・妙義山・浅間山に囲まれ、これらの山々からの伏流水、秋田産の丸大豆、群馬県の小麦、オーストラリア産の原塩を使い、熟成期間は 2 ～ 3 年かけて仕上げている。

- **通販の醤油・味噌**　青唐辛子醤油がある。

ソース

- **tonton 汁・ソースカツ丼**　群馬県は養豚の盛んな県で、前橋市は豚肉を利用した tonton 汁の名で町おこしをしている。豚肉の存在感のある「豚汁」や「麺料理」などが工夫されている。また、「ソースカツ丼」は豚肉のヒレ肉のカツに老舗のそば処などが秘伝のタレを添えて、前橋市の活性化に貢献している。豚カツ用のソースはそれぞれの麺類の店で作っている。豚汁や麺料理の味付けは醤油、味噌などで工夫されている。

食酢

- **ユズ醤油酢**　群馬県産のユズを使用したユズ醤油酢は、和風ドレッシングとして使われやすい。

蜂蜜（甘味料）・ジャム

- **絹子のケチャップ**　群馬県特産のハチで自然交配した「ぶんぶんトマト」を使用した「絹子のケチャップ」がある。完熟したトマトのサラリとした食感、爽やかな酸味と甘味を生かしたジャムである。オムレツには最も適したケチャップである。
- **特産の蜂蜜とその利用製品**　群馬県特産の蜂蜜を使ったアカシア蜂蜜、かりん蜂蜜漬け、ゆず蜂蜜、ゆずジャムなどがある。群馬県の吾妻川支流の須川渓谷一帯にアカシア（マメ科）が繁茂していて、6 ～ 7 月には小花を房状につける。この花のつぼみを衣をつけて揚げる「アカシアの天ぷら」は、この地方の郷土料理である。アカシアが採れるのでアカシアを使った蜂蜜漬けが作られるのである。

郷土料理と調味料

- **フナの甘露煮**　群馬県内の利根川や渡良瀬川に生息する天然のフナを、

清水に数日間し飼育してドロを吐かせてから、即殺・血抜きしてから醤油・砂糖・みりんで調味し、3〜4日間をかけてじっくり煮上げる。飴煮ともいう。海のない群馬県では貴重なたんぱく質供給源と保存食になっている。コイもドロを吐かせてから、即殺・血抜きしてから筒切りにし、フナの甘露煮と同じように醤油・砂糖・みりんで調味してじっくり煮あげる。群馬県の名産には、水沢うどんがあるが、うどんのおかずとして食べる。醤油・砂糖・みりんは欠かせない調味料となっている。

- **水沢うどん・館林うどんのつゆと薬味**　群馬の人々の食事にはうどんは欠かせない。うどんを食べるときにはフナやコイの甘露煮、キンピラゴボウが添えられる。麺つゆは、だし入りの醤油仕立てのものが多い。薬味にシソの葉・ゴマを使い、季節によっては山ウド・山吹・その他の山菜の天ぷらが添えられる。

発　酵

焼きまんじゅう

◆地域の特色

　本州のほぼ中央に位置し、東は栃木、南は埼玉、北西に長野、北東に福島、新潟の各県に接している。海と接していない内陸部に位置する数少ない県である。山地は西に浅間山、東に日光白根山がそびえ、これに連なる上毛三山、赤城、榛名、妙義などがそびえる。日本三大河川の一つである利根川が、片品川、吾妻川、赤谷川、渡良瀬川などの支流を集めて太平洋に注いでいる。

　大部分が表日本型の内陸性気候で、冬から春にかけてのからっ風と夏は雷雨が特徴であるが、利根、吾妻両郡をはじめとする山沿いの地方は、多分に裏日本の影響を受けている。夏は前橋、伊勢崎、館林などを中心とした南部では、秩父山地からのフェーン現象と東京都心のヒートアイランド現象によって発せられた熱風の影響で猛暑日に達することがよくある。日本でも有数の酷暑地帯である館林市では、2010（平成22）年から3年連続で猛暑日の年間日数の国内最多を記録した。北部は気温が低く、特に標高1000mを超える草津などは夏日が観測されることは少なく冷涼である。

　米や麦の栽培のほか、養蚕、繊維工業などの伝統産業に加え、畜産、野菜栽培が盛んである。こんにゃく芋の生産は全国一である。特に、標高1000m以上の妻恋村の高原野菜、嬬恋キャベツは夏期の首都圏で消費されるキャベツの大半を占めている。全国2位には、キュウリ、キャベツ、ウメ、ブルーベリーなどがある。

◆発酵の歴史と文化

　北関東の日本酒や醤油などの蔵元には、「三方よし」の心得で有名な近江商人出身者が多い。

　1729（享保14）年創業で日本酒「巖」の蔵元、高井（藤岡市）がある。初代の作右衛門は18歳のときに、近江特産の麻布を入れたかごを持ち美濃

路、木曽路、上州路を経由し上州高崎まで売り歩き、帰りは高崎の産物を仕入れ、売りながら近江へ戻るという「のこぎり商法」を行う近江商人だった。10年ほどの行商の後、藤岡で酒造りを始めた。

　1806（文化3）年の勝手造り令により酒株の無所有者にも酒造りが認められ、営業の自由化が認められると、近江商人による酒造家が急激に増えていった。近江商人は、卸、小売業に特化していたのではなく、北関東地方の街道沿いに店舗を設置し、日本酒の製造、販売を行った。このように、江戸、東京に隣接しているために競争が激しかった群馬、埼玉、栃木などには、高い専門知識と積極的な経営能力をもつ近江商人出身の造り酒屋が多い。

　群馬県には、醤油醸造でも近江商人がルーツであるものが多い。1751（宝暦元）年創業の岡崎醤油（新田郡）、1832（天保3）年創業の有田屋（安中市）、1787（天明7）年創業の岡醤油醸造（高崎市）なども初代は近江商人といわれている。近江商人は、物の売買だけでなく先端技術を伝えることにより、全国各地に足跡を残している。

◆主な発酵食品

醤油　　正田醤油（館林市）、岡醤油醸造（高崎市）、岡崎醤油（新田郡）、有田屋（安中市）、岡直三郎商店（みどり市）など、江戸時代から醤油造りを続ける蔵が多い。

味噌　　ハナマルキ大利根工場（邑楽郡）、田村方雄商店（甘楽郡）などで主として米味噌が造られている。多野郡上野村では、十石みそと呼ばれる大豆と麦麹を使い、数百年の間受け継がれてきた昔ながらの製法で造られている麦味噌がある。これは、関東地方では米味噌が多く造られている中で珍しい。

日本酒　　赤城山、榛名山、妙義山などを水源とし、清冽で豊かな水量に恵まれており、水質は軟水が多くまろやかな飲み口の酒が多いといわれる。群馬の酒造期間中の気温は酒造りに最適の低温が維持される。米も豊富であるが、群馬県産の「若水」は1991（平成3）年に関東地方で初めて酒造好適米として認定されたものである。瓶内二次発酵製法によるスパークリング日本酒の開発などで知られる永井酒造（利根郡）のほか、1690（元禄3）年創業の牧野酒造（高崎市）、聖徳銘醸（甘楽郡）、浅間酒造

（吾妻郡）、町田酒造店（前橋市）、龍神酒造（館林市）、聖酒造（渋川市）、柳澤酒造（前橋市）、松屋酒造（藤岡市）、島岡酒造（太田市）など約30の蔵で造られている。

焼酎 ジャガイモの産地としても有名な渋川市で穫れたジャガイモを使った焼酎を造る聖酒造（渋川市）などがある。

ワイン 奥利根ワイナリー（沼田市）、しんとうワイナリー（北群馬郡）などがある。

甘酒 糀屋（高崎市）のほか、味噌や日本酒の醸造会社からさまざまな甘酒が造られている。

ビール 千代田町にサントリー利根川ビール工場がある。クラフトビールとしては、群馬産のヤマモモを使用したビールを造るシンキチ醸造所（高崎市）など、県内に約8社ある。

乳酸菌飲料 カルピス群馬工場（館林市）がある。カルピスは、中国内モンゴルの発酵乳である酸乳を参考にして、1919（大正8）年に発売されたもので、100年以上の販売の歴史がある。独特の風味は乳酸菌と酵母の一種による発酵により生まれる。

かりかり漬け 「カリカリ梅」を初めて商品化した赤城フーズ（前橋市）などで、全国2位の生産量である群馬県産のウメを使って作られている。

酒饅頭 米、もち米、麹、小麦粉と混ぜて1次発酵させ、生地を練って餡を包み込み、さらに2次発酵し、せいろで蒸す。麹のふくよかな味の酒饅頭である。「片原饅頭」として江戸時代から親しまれた味が1996（平成8）年に途絶えたが、2010（平成22）年に前ばし万十屋本店（前橋市）が復活させた。

味噌パン コッペパンやフランスパンのようなパンを用い、これにナイフで切り込みを入れ、甘みを加えた味噌を塗ったものである。フリアンパン洋菓子店（沼田市）が1972（昭和47）年に最初に売り出した。県内各地のパン屋で作られている。

キャベツキムチ 嬬恋産のキャベツを使ったキムチが6〜11月頃の間に作られている。2008（平成20）年農林水産省と経済産業省により「農商工連携88選」に選定された。

チーズ　松島農園スリーブラウン（前橋市）では、ブラウンスイス牛の乳から手作りされる優しい味わいのチーズが作られている。

◆発酵食品を使った郷土料理など

焼きまんじゅう　麹種で小麦を発酵させて作る伝統的な生地を竹串に刺して焼き、甘辛い味噌ダレをつけて食べる群馬の郷土料理である。前橋市の原嶋屋総本家などで販売されている。

おっきりこみ　味噌や醤油ベースの煮込み料理の一種で、小麦粉で作った幅広の麺と季節の野菜やサトイモ、ダイコンなどとともに煮込んだものである。二毛作での小麦生産が盛んだった地域であり、うどんなどの粉食料理を常食する文化が根付いている。うどんを切っては入れ、切っては入れして食べることから、この名前が付いたとされる。埼玉県北部でも作られる。

こしね汁　富岡市の名産である、こんにゃく、シイタケ、ネギを主材料に、醤油や味噌で煮込んだ鍋料理である。こしね汁は、この三つの材料の頭文字から付けられた。

だんご汁　小麦粉を練って丸めてちぎっただんごを野菜と一緒に、醤油や味噌で煮込んだ鍋料理で、沼田市で古くから食べられてきた郷土料理である。

　同様のものは、利根郡では「つみっこ」、邑楽郡では「つめりっこ」などと呼ばれる。

◆発酵にかかわる神社仏閣・祭り

伊勢崎神社（伊勢崎市）　上州焼き饅祭　毎年鏡開きの日である1月11日に行われる。神前で直径55cmの特大饅頭（通常の焼き饅頭300個分）が焼かれ、巫女が巨大な刷毛で饅頭に味噌ダレを塗る。焼き上がった饅頭は「福分け」として参詣者に振る舞われる。

◆発酵関連の博物館・美術館

正田記念館（館林市）　正田醤油本社にあり、1853（嘉永6）年に建てられた建物の中に、創業当時の醸造道具、昭和初期

のポスターなど、江戸時代〜明治、大正、昭和にかけての醤油醸造関連の品々が数多く陳列されている。

「カルピス」みらいのミュージアム（館林市）

「カルピス」ブランド100周年を記念し、群馬工場内に新設された。「カルピス」の歴史や発酵、製造工程がアニメーションやプロジェクション映像などで紹介されている。

◆発酵関連の研究をしている大学・研究所

前橋工科大学工学部生物工学科

パンや酒、味噌、醤油を造る微生物である酵母についての育種研究がなされている。

コラム 「顕微鏡で見る」から「DNAで見る」へ

　アメリカの研究者により、DNAの塩基配列情報をもとに、アスペルギルス・オリゼは有毒な毒素を生産するアスペルギルス・フラブスを祖先として家畜化された微生物であると報告されている。すなわち、黄麹菌はアスペルギルス・フラブスという野外にいるカビを祖先として、酒造りに適した性質をもつように、日本で家畜化されたカビであるといえる。

　肉眼では見えない微生物同士を比較するのに、ゲノムの膨大なDNA配列というデジタル情報が利用できるようになり、この目に見えるデジタル情報を比べることにより、家畜化の過程が微生物でも可視化できるようになった。微生物はこれまで「顕微鏡で見る」方法が一般的であったが、「DNAで見る」という新しい研究方法が登場したのである。

和菓子 / 郷土菓子

麦落雁

地域の特性

県の形は「鶴の舞う姿」に譬えられ、関東の北西部に位置し海のない内陸県である。県内には利根川、渡良瀬川の2大河川が流れ、県の南部は関東平野で、気候は夏暑く冬は乾燥して寒い。北部には浅間山や谷川岳の山岳地帯があり、日本海気候で雪や雨が多い。総じて夏は雷が多発し、冬は「空っ風」で有名である。

山が多く平地が少ないが、江戸期から桑栽培の養蚕が盛んで、製糸業や絹織物が発達した。明治期には海外の紡績技術を導入し「蚕糸王国」となり、1872（明治5）年には官営の富岡製糸場が出来、我が国の近代化に貢献をしたことで2014（平成26）年には世界遺産に登録された。

農業も盛んで、冬の日照時間の長さ、空っ風と水はけのよさから小麦の生産高は2013（平成25）年で全国4位。関東地方では、埼玉とともに古くから水田裏作として小麦が栽培され、全国有数の「粉食文化圏」である。

群馬県民のソウルフード「焼きまんじゅう」は、甘辛い味噌ダレを串刺しにした素饅頭に表裏塗り、香ばしくこんがりと焼き上げるもの。県内のお祭りや縁日には、屋台が必ず登場する。

うどんも好まれ、その消費量は香川県に次いで2位となっている。「水沢うどん」「館林うどん」「桐生うどん」は県内3大うどんの産地で、山梨の「ほうとう」に似た「おっきりこみ」は寒い冬の郷土料理である。

地域の歴史・文化とお菓子

「毛野国」の麦栽培と菓子

古代、群馬・栃木の両県は合わせて「毛野国」とよばれていた。後に「上毛野国（上野国）」と「下毛野国（下野国）」に分割され、前者が群馬県で後者が栃木県である。県域は当時とほぼ等しく、今でも群馬県を「上州」「上毛」、栃木県を「野州」と称されている。

この「毛の国」の毛には諸説あるが、二毛作の毛で禾本科植物の稲や麦をさし、古代より穀物の産地であったという説。また、豪族・毛野氏（けぬし）が治めていたという説などがあるが、前者が有力である。

　北関東は九州北部とともに二毛作地帯で、不足がちな米の裏作として秋から春にかけて麦が作られてきた。麦は稲より涼しい気候を好む。土地は水はけがよく、冬の日照時間が長いことが適地で、北関東は関東ローム層であることも加え、麦の生育に適していた。

城下町と落雁の謎

群馬県は埼玉県同様粉食文化が発達し、館林地方はうどんも有名だが、質のよい大麦が収穫され、それを使ったお菓子「麦落雁」が作られてきた。

　落雁は「落雁粉」（もち米を蒸して乾燥させ糒（ほしい）にし、砕いて炒り粉末にしたもの）これに砂糖を加えて固めたもので、もち米が本筋だが麦や小豆等も使われた。この落雁の原料となる糒は、非常時の食糧となるため戦国時代には城中に大量に備えられていた

　つまり糒は兵糧で、これを毎年城中に納めていたのが御用達の菓子屋で、戦がなければ古い糒は払い下げになり、菓子屋はその糒を使って落雁等の菓子を作っていた。城下町に老舗の菓子屋があり、有名な落雁があるのは、茶の湯の菓子として茶人に好まれただけでなく、隠れた歴史があった。

①館林の「麦落雁」

　館林は1590（天正18）年、徳川四天王の榊原康正が10万石で館林城主となり、城下町を整備した。麦落雁で知られることとなる三桝屋大越は、この年より以前、現在より430年も前から城中にお菓子を納めていたという。

　その後時代は下って、徳川5代将軍綱吉（3代家光の第4子）は将軍になる前、1661（寛文元）年から1680（延宝8）年まで25万石で館林城主を務めていた。館林は格式の高い城下だったのである。

　麦落雁が誕生するのは江戸後期の1818（文政元）年頃で、特産の大麦を皮つきのまま焙って粉末にすると、香ばしい麦こがしになる。これに目を付けた与兵衛なる者が、讃岐の「和三盆糖」を併せて固めた打ち菓子「麦落雁」を創製した。

　「麦落雁」の独得な形、三つ亀甲紋様は、当時盛んであった歌舞伎と関係があり、初代団十郎は役者でもあり歌舞伎作家でもあってペンネームを

「三桝屋兵庫」といった。兵庫と親交のあった三桝屋大越の先祖が、その三つ亀甲紋をアレンジして六角形の木型に彫り、今日のような打ち菓子が出来たのである。

②伊香保の「湯の花饅頭」（温泉饅頭発祥地）

　全国各地で作られている「温泉まんじゅう」の元祖が、伊香保温泉である。この温泉は鉄分が多く、手拭いが錆色に染まることから茶色の湯の花を黒糖で表した饅頭・湯の花饅頭が、苦心の末に誕生したのは1910（明治43）年のことであった。土地の菓子店・勝月堂の初代・半田勝三が創製者である。

　その後1934（昭和9）年、陸軍特別大演習で群馬に行幸された昭和天皇が、「湯の花饅頭」を大量にお買い上げになられた。それが大評判となり、「湯の花饅頭」は全国的に広まった。そして温泉の色をイメージした茶色の饅頭を「温泉まんじゅう」として、各地で作られ売られるようになったのである。小麦の産地群馬ならではのお土産品となった。

行事とお菓子

①伊勢崎の「焼き饅祭」

　群馬県人の郷愁を誘う食べ物「焼きまんじゅう」。県内の上質な小麦を主原料にした餡の入らない素まんじゅうを竹串に刺し、甘味噌を塗ってこんがりと焼いた物。江戸時代から食べられ、今でも祭りや縁日に欠かせない。特に正月の縁起物のダルマ市（初市）に、味噌の焼ける香ばしい匂いが漂う風景は、上州の風物詩である。

　もともと焼きまんじゅうは家庭で作られていたが、前橋の老舗焼き饅頭店の初代・原嶋類蔵が幕末にどぶろく種で饅頭を作り売り出したという。最近、伊勢崎では正月の初市（1月11日）に合わせ、「焼き饅祭」といって伊勢崎神社の神前に直径50cm以上もの大きな饅頭をいくつも供え、神事の後境内で焼いて味噌だれを塗って「福分け」と称して参拝者に振る舞う祭りがある。人気を博し町興しとなっている。

②ごんち（端午の節供）のつとっこ

　多野郡の旧中里村周辺では、端午の節供は1カ月遅れの6月で、この日に「つとっこ」あるいは「かしゃっぱ」というチマキに似たものを作る。一晩水に浸したもち米や小豆などを「かしゃっぱ」とよばれるトチや柏の

葉で包み、シュロの葉を細く裂いた紐で縛り、茹でたり蒸したりする。場所によっては朴の葉で包む。子供たちは、ふくらんだ葉をむいて食べるのが楽しかったという。

面白い名前の「かしゃっぱ」は、クッキングペーパーとなるトチ、朴、柏などを昔は「炊ぐ葉」といっていた名残であろう。「つとっこ」の「つと」は苞で包むという意味。納豆の藁苞はよく知られ、木の葉で包んだ餅ということになる。「つとっこ」の「こ」は接尾語。

知っておきたい郷土のお菓子

- **沼田の味噌まんじゅう**（沼田市）　県内焼き饅頭店の草分け的存在・東見屋のもので、饅頭に塗る味噌も甘、辛の2通りがあり饅頭も餡入りがある。

- **鉢の木**（高崎市）　回国巡礼の僧（北条時頼）が、一夜の宿を頼んだところ貧しい家主が鉢の木を焚いてもてなしたという故事による歴史菓子。

- **片原饅頭**（前橋市）　前橋の名物。江戸期からの店は途絶えたが、有志によって復活し「本糀酒饅頭」の味が復元され、ファンを安心させた。

- **旅がらす**（前橋市）　前橋の銘菓。国定忠治を連想させる菓子だが洋風で、クリームをサンドした鉱泉煎餅。老若男女に幅広く愛されている。

- **磯部煎餅**（安中市）　胃腸病に効く磯部温泉の名物。小麦粉を源泉で練り焼き上げたもの。明治初期に作られ、サックリした歯触りは人気高い。

- **まゆごもり**（富岡市）　製糸の町富岡らしい名で、吉野本葛を使った「くず湯」。真っ白な繭の形に作られ、熱湯に溶かしていただく。

- **スバル最中**（太田市）　太田市は富士重工の企業城下町。人気のある車・スバルを最中にしたもので、新車の発売とともに車型が変わる面白い最中。

- **麦落雁**（館林市）　前出参照

- **焼き饅頭**（群馬県下）　前出参照

- **湯の花饅頭**（渋川市）　前出参照

きくらげ

乾物 / 干物

地域特性

　関東地方北西部に位置し、県庁所在地は前橋市である。県南に関東平野、県西に長野県、県北に新潟県、福島県と接し、尾瀬国立公園、上信越国立公園、日光国立公園、三国連山、赤城山、榛名山、浅間山、妙義山などの山々や、利根川水系、吾妻川、神流川、渡良瀬川の肥沃な大地に恵まれて、小麦をはじめ果樹園芸も盛んである。桐生織物、太田市の自動車産業なども盛んである。

　気候的には北部地域は日本海側気候で、冬は三国連山、尾瀬ヶ原、日光連山と新潟県、福島県、栃木県、長野県、埼玉県と多くの県に隣接し、大変厳しい環境である。夏は県中央部館林に見る高温多雨の地区で温暖化が激しい県でもある。夏暑く冬寒く、上州空っ風と雷が名物である。平野部は火山灰土のため、ネギ、こんにゃくの栽培規模は日本一であり、小麦の産地でもある。

知っておきたい乾物 / 干物とその加工品

ひもかわうどん

　群馬県は全国有数の小麦の産地であり、おきりこみ、焼きまんじゅうなど粉文化が根づいている。うどんもその1つで、水沢うどん、館林うどん、上州うどん、そして「ひもかわ」と呼ばれる桐生うどんなど種類も豊富である。絹織物の産地桐生市近郊はうどん屋が軒を並べている。「帯うどん」とも呼ばれ、厚みが1mmほどの幅広平打ち麺は、店によって麺幅はまちまちだが1.5〜10cm以上のものまであるという。

　材料は小麦粉と塩水で、小麦粉に対して加水50%、足で踏んで小麦粉を慣らしながら熟成する。この生地をロールのように巻いて踏みを3回繰り返し、寝かし、さらにもう1回行いこれを1.5kgほどの玉にし、ビニールをかぶせ、一晩寝かす。これを繰り返すと小麦と塩水がつながり、腰の

強い麺ができ上がる。翌日麺棒で角が出るように長方形に延ばし、折りたたんで切る。

　作り方は、その日の温度や湿度などを考え、塩加減などを調節する。ここが各店の職人技の見せどころである。鮮度を大切に作る。生のままの冷凍もあるが市販されているのは主に乾麺である。たっぷりの湯の中で長さ40cmのひもかわが泳ぐその姿は桐生友禅流しを思い起こさせ、名前の由来となっている。

木耳（きくらげ）　キクラゲ科のキノコであるキクラゲを乾燥加工したもので、人の耳の形に似ていることから「木の耳」という意味で木耳の名になったといわれている。

　主に生産地は中国、台湾、韓国などであるが、近年国産品の需要が高まり、群馬県で生産されている。春先から梅雨時にケヤキ、クワ、ブナなどの広葉樹の倒木や枯れ木に発生する。ゼラチン質であるが、乾燥すると、軟骨質になる。食感が海のクラゲに似ていて、こりこりした歯ざわりが楽しめる。形が不ぞろいで変化に富み、表面は滑らかである。中華料理には、セミと呼ばれる木耳や台湾裏白などがたくさん出回っている。

白木耳（しろきくらげ）　クヌギの木に発生する白色の木耳で、昔から漢方薬として伝来し珍重されてきたが、今はデザートとしてシロップ等をかけて食べられている。中国四川省などの産地から輸入されているが、群馬県などでは菌床栽培されて、市販されている。ビタミン、鉄分などが豊富である。

馬鈴薯澱粉（ばれいしょでんぷん）　片栗粉の名前で市販されているじゃがいもからとるでんぷんで、1833（天保4）年に群馬県嬬恋村で製造されたのが始まり。そのころから「加多久利」（かたくり）と呼ばれていたといわれている。1870（明治3）年、千葉県の蘇我で十左エ門が製造し、「片栗粉」と呼ばれるようになった。カタクリの根からとった本当のカタクリ粉は今はなく、じゃがいもでんぷんが北海道の斜里や士幌の大規模工場で生産されている。

　生産量の60％は糖化用に、30％は片栗粉、春雨などに加工され、5％は水産練り加工品に使われている。片栗粉は粒子の大きさによって分級片栗粉、未粉つぶ片栗粉などがある。

粉末こんにゃく（粉末蒟蒻）

こんにゃくはサトイモ科の多年草食物である。こんにゃく芋は地下茎の芋で、2年ものから5年ものなど成長に時間がかかる。中国、ミャンマー、インドネシアなどでも栽培されている。近年、和食ブームから低カロリーということで欧米にも広がっている。日本では群馬県の生産量がもっとも多く、約90％であり、栃木、茨城と続く。北関東などの石灰岩灰土が栽培に適する。強アルカリ食品である。成分はグルコマンナン、コンニャクマンナンとも呼ばれ、食べても消化されず、極めてカロリーが低い。球形のこんにゃく芋を粉末にした後、水でこねて石灰乳（消石灰）を少量水に混ぜて、炭酸ナトリウム溶液を混ぜ、煮沸して固まらせる。関西では、こんにゃくにヒジキやアラメの粉末を混ぜた黒こんにゃくが好まれている。

花いんげん

標高900〜1,300mの高原である、西吾妻地区や片品地区の産物で、大きないんげん豆で甘納豆やおこわ（お強）、煮豆などに加工されている。

水沢うどん

関東坂東33か所の札所水沢寺は、推古天皇の勅願により創建された。水沢観音の名で知られており、その門前には今なお数十軒の店が存在し、400年の歴史を守り続けている。上州は昔から小麦の産地でもあり、上質な小麦粉から作る水沢うどんはアメ色でコシがあり、薬味にはしその葉やゴマ、山菜、山フキ、山ウドなどが使われている。

Ⅲ

営みの文化編

伝統行事

七草大祭だるま市

地域の特性

　関東地方北西部に位置する。四方を山に囲まれ、南東部だけが開けて関東平野へと続く。県全体の3分の2が標高500メートルを超える山岳・丘陵地帯。赤城山麓、榛名山麓には温泉も多い。利根川・渡良瀬川とその支流域に平坦な地が形成されている。夏の雷と晩秋から春先にかけての空っ風が有名である。

　平地が少ないため古くは農地がかぎられており、江戸時代に新田開発がすすめられたが、産業の中心は火山灰地でのクワ栽培とクワの葉を餌とする養蚕であった。以後、前橋や高崎などで製糸業、桐生や伊勢崎などで絹織物業が発達。明治期には、官営富岡製糸場を中心に製糸業が大きく発展した。

　コンニャクやカンピョウの産地でもある。

行事・祭礼と芸能の特色

　群馬県は、戦前（第二次大戦前）までは、「養蚕県」といわれていた。そこで、1月15日の小正月行事も盛んであった。小正月は、「おかいこさんの正月」とも呼ばれていて、まゆ玉を飾るのも、蚕のまゆが十分に採れるように祈願してのことであった。

　そして、1月15日の朝には、各所で「粥占」が行なわれていた。多くは小豆粥で、鍋の粥を粥かき棒でかきまわす。粥かき棒には、まゆ玉を水引きで取り付けたりした。その棒の先に米粒が多く付けば米が豊作、小豆粒が多く付けば小豆が豊作、と占ったのである。

　現在では、そうした行事が一般的には伝わりにくくなっているが、養蚕県の伝統行事としては記憶にとどめておきたいものである。

小林山のだるま市

小林山達磨寺（高崎市）で例年1月6日から7日にかけて夜通し行なわれる。上毛かるたに「縁起だるまの小林山」と詠まれているように、その名は広く知られ、毎年数十万人の参拝客が訪れる。

達磨寺の起源は、江戸時代にさかのぼる。碓氷川のほとりにあった小さな観音堂に、大洪水のあと川に沈んでいた香気のある古木を納めておいた。延宝8（1680）年、一了居士という行者がその木で達磨大師の座禅像を彫ってお堂に祀ったところ、やがてそこが達磨大師の霊地小林山として知られるようになった。その後、元禄10（1697）年、領主酒井雅楽頭がこの地に水戸光圀公の帰依した中国の帰化僧心越禅師を開山と仰ぎ、開創したのが達磨寺である。以来、心越禅師の描いた一筆達磨像を、1年の災禍を除くお札として近在の家々に配るようになった。

そして、今から200年ほど前、達磨寺9代の東嶽和尚は、天明の飢饉によって苦しむ農民たちの副業になるようにと、その達磨像の絵をもとに木型を彫り、張子の作り方を伝授して、それを福だるまとして七草市で売らせた。それが、だるま市のはじまり、と伝わる。

なお、現在、小林山の福だるまは、50軒以上もの農家でつくられ、このだるま市を皮きりに、年間120万個もが全国に出荷されている。

樋越神明宮の春鍬祭

その年の豊作を予祝して行なう田遊びの神事。樋越神明宮（佐渡郡）で毎年2月11日に行なわれる。

神明宮の拝殿で祭典が行なわれたあと、拝殿の前に竹4本を立てて注連縄を張った祭場をつくる。そこを田と見立て、神明宮の氏子が禰宜、作頭、鍬持ちなどの諸役となって、稲作の作業過程を模擬的に演じるのである。

まず、サカキやカシの枝に餅をつけ鍬に見立てたものを持った鍬持ちが登場。田に見立てた祭場で畦塗りの仕草などを行なう。頃合いをみて、禰宜が「春鍬よーし」と叫ぶと、一同が「いつも、いつも、もも世よーし」と唱和する。これを3回繰り返すと、持っていた鍬を投げ、観衆が鍬を奪い合う。とった鍬を家に持ち帰って飾っておくと養蚕があたり、稲穂を拾った人の家は豊作に恵まれる、といわれている。

春鍬祭は、日本の典型的な予祝行事のひとつで、地域的な特色も豊かである。平成14（2002）年に国の重要無形民俗文化財に指定された。

榛名神社の祭礼と神楽

　榛名神社（高崎市）の例大祭は、5月8日から15日まで。境内の神楽殿で榛名神代神楽が奉納される。榛名神代神楽の創始年は不詳であるが、享保11（1726）年「午年御開帳」に神楽の奏上がなされた、という記録が残る。

　県下に娯楽性の高い里神楽の系統はあるが、この榛名神代神楽は、出雲の系統を引くとされ、東日本でもめずらしい伝承例である。男舞21座、巫女舞15座の36座で構成されており、それが交互に舞われる。神楽がはじまると最後まで、拍子（台拍子）に少しの切れ間もない。男舞、巫女舞ともにすり足を基本とした無言舞で、厳かである。「祓」と「浄」の精神が一貫していることが、この舞の大きな特色といえよう。平成15（2003）年に県の重要無形民俗文化財に指定された。

草津温泉祭

　8月下旬の丑の日に草津町で行なわれる。温泉郷草津の繁栄を願って行なうまつりで、町内から選ばれた女性（現在はミス草津に選ばれた女性）が女神となって湯畑から新湯を汲んで、町内の浴場にわける。

　このまつりは、古来伝わる丑湯祭が近代化したものといわれる。丑湯祭とは、土用丑の日に水浴をすれば病気にかからないという民間信仰にもとづく行事である。斎むことを古語でユという。丑湯は、丑の日の斎戒・物忌ということであったのだろう。

貫前神社御戸開祭と鹿占神事

　貫前神社（富岡市）は、創建が1,400年前ともいわれる。上野国一宮として『延喜式神名帳』にもその名がみえる県内随一の古名社を誇り、多くの神事が伝えられている。

　毎年12月8日から11日にかけて、御戸開祭が行なわれる。その一環として、8日に行なわれるのが、鹿占神事である。鹿骨（雄鹿の肩骨）を焼錐で貫き、その通り具合によってかつての神領31カ村の吉凶を占うというもの。用いる鹿の骨は、古くは甘楽町秋畑の鹿のそれであったが、現在は、日光二荒山神社から送られてくるものを使っている。鹿占神事は、同社のほかには武蔵御嶽神社（青梅市）の太占祭で行なわれるだけで、きわめて貴重な習俗といえる。昭和56（1981）年、「鹿占習俗」として、県の

重要無形民俗文化財に指定された。

　まつりには「焼きまんじゅう」が食される。焼きまんじゅうは、小麦粉団子（小麦粉をどぶろくに漬けて発酵させ団子状にしたもの）を串に刺し、味噌をぬって焼いたもの。

　初午には、初午団子が食される。これは、まゆ玉に見立てた団子で、中に小豆を一粒入れる。それをマブシ（藁のようなもの）を入れた笊に、16個入れ、蚕がまゆをつくるように飾る。この初午団子を近所の家に配る風習が古くからみられた。大勢にふるまうほど「まゆかき」がにぎやかになってよい、とされたのである。

寺社信仰

少林山達磨寺

寺社信仰の特色

　群馬県は山の信仰が色濃い。上毛三山の赤城山・榛名山・妙義山だけでなく、浅間山・白根山・武尊山などの山々も広く信仰を集めている。日本三大奇景の一つで国名勝の妙義山は波己曽神が鎮座すると伝えるが、これは奇岩景勝を岩社として祀ったものと考えられる。

　赤城神社は往古の上野一宮と伝え、県内には赤城神社が数多く祀られている。一宮の座を貫前神社に譲ったのは機織の生糸を借りた礼との逸話があり、古くから絹織物や養蚕が盛んであったことがうかがえる。今も県内各地には、桐生市の織姫神社や伊勢崎市の倭文神社（上野九宮）、長野原町の養蚕神社（荒神さん）、富岡市の蛇宮神社、安中市の絹笠神社や雲門寺など、織物や養蚕の神々が祀られている。そうした伝統は世界遺産「富岡製糸場と絹産業遺産群」に結実した。前橋市の蚕糸記念館では〈前橋の養蚕・製糸用具及び関連資料〉‡を展示している。

　群馬県は上州三名湯の草津・伊香保・四万だけでなく、水上・磯部・老神などを擁する温泉王国として有名で、各地に薬師信仰もみられる。伊香保神社は上野三宮で、古くは温泉神社と称し、温泉寺が別当を務めていた。若伊香保神社は上野五宮という。

　江戸幕府の徳川将軍家は太田市にあった得川郷の出身といわれ、徳川家の祖が創建したと伝える長楽寺には、日本三大東照宮の一つ世良田東照宮が建てられた。同所は国史跡の新田荘遺跡でもある。新田荘は鎌倉幕府を倒した新田義貞を輩出した地であり、義貞を祀る新田神社もある。太田市には新田触不動と千体不動塔を祀る明王院、子育て呑龍様を祀る大光院新田寺、縁切寺の満徳寺、高山彦九郎を祀る高山神社もある。

　高崎市の少林山達磨寺は日本における達磨信仰の一大拠点で、全国の8割のダルマは高崎市で生産されている。また、前橋市の産泰神社と、板倉町の雷電神社は、それぞれ産泰・雷電信仰の総本社である。

主な寺社信仰

武尊神社（ほたか）　片品村花咲（かたしなむらはなさく）。霊峰武尊山を祀る。利根沼田地域（とねぬまた）に点在する武尊神社の総本社で、利根郡76村の総鎮守。1908年に村内28社を合祀している。主祭神は穂高見命（ほたかみのみこと）で、神体は黄金の御幣である。古くは保高明神や保鷹明神とも称された。武尊山は15世紀に修験道場として開かれ、1800年には本山派修験の武尊山法称寺が武尊大神別当に任じられ、1801年に木曽御岳信仰を広めた普寛（ふかん）の分骨が納められたという。旧暦9月の中の申の日には奇祭〈片品の猿追い祭〉†（猿祭）が行われる。武尊山に住む白毛の大猿が村人を苦しめた際、武尊様に祈願して退治したことに始まるという。東日本には数少ない宮座組織を有する祭りで、花咲を東西に分け、イッケという同族集団が酒番や櫃番、謡などの役割を分担し、赤飯を振り掛け合ったり、猿役が幣束を持って社殿を3周したりする。

親都神社（ちかと）　中之条町五反田（なかのじょうまちごたんだ）。霊山の嵩山（たけやま）を拝する地に鎮座。須佐之男命（すさのおのみこと）を祀る。古くは七社大明神や和利宮（わりのみや）ともよばれ、吾妻七社明神（児持七社）（こもち）の内の和理大明神を祀っていたとも伝える。和理大明神は現在、中之条町横尾（よこお）の吾妻神社（あがつま）で祀られている。『神道集』の「児持山之事」に出てくる「見付山」は嵩山のことであるともいう。1702年、僧空閑は嵩山合戦（1565年）の犠牲者を弔（とむら）うため、山中への坂東三十三番観音石仏の配置を発起、その後10年をかけて百番観音を完成させた。嵩山の東麓には白久保天満宮（しろくぼ）があり、2月24日の宵祭りには〈上州白久保のお茶講〉†が催される。これは渋茶（煎茶）と甘茶とチンピ（蜜柑の皮を干したもの）を煎り粉にして4種類の混合茶をつくり、それを飲み当てる行事で、14世紀に行われた闘茶（茶勝負）を伝承するものと考えられる。

天龍寺（てんりゅうじ）　渋川市赤城町（しぶかわしあかぎまち）。天台宗。本尊は薬師如来。赤城山と号し、大門地区（だい、もん）にある。戦国時代は赤城神社の別当を務めたとも伝える。古くから開けた土地で、隣接する見立地区（みたて）には、縄文時代早期～晩期の瀧沢石器時代遺跡があり、国史跡となっている。環状列石からは長さ1mを超す大石棒が発見され、赤城歴史資料館で展示されている。1819年、境内に〈上三原田の歌舞伎舞台〉†（かみみはらだ）が建立された。上方で修行した大工、永

井長治郎の手になるもので、特殊な機構を併せ持つ。強盗返は三方の板壁を外側に倒して舞台面を倍以上の広さにするもので、遠見は舞台の奥に背景をつけて奥行きを深くみせるもの、柱立廻は平舞台を6本の柱で支えて回転させ、迫り引きは二重とよぶ小舞台を天井・奈落の双方から迫り上げ・引き下ろすものである。1882年に上三原田に移築された。

榛名神社

高崎市榛名山町。上毛三山の一つ榛名山の神を祀る。榛名山は大型の複成火山で、一帯から伊香保温泉やガラメキ温泉など多くの湯が湧き出している。古くは元湯彦命を祀り、春名満行権現と崇められた。本地は勝軍地蔵で、天台宗榛名山巌殿寺が祭祀したが、神仏分離で仏教色が廃されて現在に至る。境内は巌山とよばれ、九折岩や鞍掛岩などの奇岩がある。近世には祈禱札を受けに代参が登拝する榛名講が関東一円で盛んであった。講の全員が参詣を果たすと、記念に太々講として〈榛名神社神代神楽〉を奉納した。この神楽は男舞22座・巫女舞14座の演目があり、摺り足を基本とする無言の舞で、宮廷神楽を伝承すると考えられる。現在も2月の神楽始式と5月の端午祭・神輿渡御祭などで奉納される。社家町の榛名歴史民俗資料館では関流算額などを展示している。

蓮華寺

安中市中宿。天台宗。清水山と号す。本尊は阿弥陀如来。太田市世良田の長楽寺を開いた釈円栄朝禅師（1165～1247）の開山と伝える。栄朝が京から鎌倉へ向かう途中当地に宿ると、夜更けに鳴動とともに凍った池の中から蓮が出て、美しい花を咲かせたことから蓮華寺と名付けたという。1817年には上野34観音31の雉子観音を岩戸山から境内へ遷した。隣接する諏訪神社（中宿鎮守）の別当を務めたが、同社では1656年頃から例祭に〈安中中宿の燈籠人形〉＋が奉納されるようになった。胴の中に小型の回転式龕灯（カンテラ）をいれた高さ70cmほどの和紙製人形の芝居で、糸操りで『俵小僧力自慢』『馬乗り小僧の籠抜け』『安珍清姫綱渡り』などを演じる。灯火で明るく浮き立つ人形劇は幻想的である。人形は上間仁田の学習の森（ふるさと学習館）に展示されている。

貫前神社

富岡市一ノ宮。上野一宮。菖蒲（綾女）谷に経津主神を祀る。元は安中市の鷺宮（先宮）または下仁田町の荒船山（笹岡山）に鎮座していたと伝える。古くは抜鋒神または貫前神を祀り、抜鋒大明神社とも呼ばれた。国重文の楼門・拝殿・本殿へは、蓬ヶ丘の大

鳥居から石段を下る。社殿が鳥居より低い位置にあり、宮崎県の鵜戸神宮、熊本県の草部吉見神社とともに日本三下り宮に数えられる。国重文の白銅月宮鑑は日本三名鏡。12月8日には御機織神事と御戸開祭に先んじる行事として〈貫前神社の鹿占習俗〉‡が行われている。高田川で用具を清める川瀬神事の後、上野国内の大小神祇を招請、忌火で焼いた錐で鹿の肩甲骨を貫き、その割れ具合で甘楽郡内の吉凶を判断する。現在、日本で鹿占の民俗を伝えるのは当社と東京都青梅市の御嶽神社のみである。

安養寺

南牧村大日向。天台宗。8月14・15日の夜には檀家たちが寺の前で〈大日向の火とぼし〉‡を行う。長さ2～3mの縄に付けた直径50cmほどの藁束を燃やしてグルグル回転させるもので、盆の先祖供養の火祭りと考えられるが、地元では1561年に武田信玄が上州に出兵した際に先祖が加勢して圧政領主を追い出した喜びを伝える行事ともいわれる。1560年、小幡憲重の国峰城は小幡景純に乗っ取られ、憲重は武田氏を頼って甲斐に逃れた。やがて武田騎馬隊の中枢となり、翌年、信玄の西上野侵攻で城を取り戻したのである。8月15日は御練もあり、行燈を持った子ども達の一行が境内を3周して先祖供養の念仏を唱和する。村の民俗資料館では椚石や蒟蒻の生産に用いた〈南牧村の山村生産用具〉‡を展示している。

乙父神社

上野村乙父。経津主命を祀る。上野一宮の貫前神社の姉神とされ、貫前神社や森戸抜鉾大明神とも称される。僧宗救が神前に奉納した14世紀の墨書大般若経が乙父の曹洞宗天岩山泉龍寺に残る。4月5日の例大祭には〈神流川のお川瀬下げ神事〉が行われ、羽織紋付き姿の若者が神輿を運び降ろし、神体が神流川の御台所で清められる。その対岸では4月3日の雛祭りに〈乙父のおひながゆ〉‡が行われ、子どもたちが河原に城（円形の石垣）を築いて炬燵や御雛様を運び込み、粥を食べたり遊んだりして過ごす。昔、神流川に流された姫を助け、粥を炊いて介抱したのが始まりという。御雛様は当社の東にある山中の天神祠へ向けて城の奥に祀られ、昭和の中頃までは天神様の座り雛も飾られたという。東隣の楢原地区には日航機墜落の犠牲者520名を祀る慰霊の園がある。

神明宮

玉村町樋越。12世紀に伊勢神宮の神領（荘園）である玉村御厨の中心として創祀されたと伝える。玉村御厨は125町もあ

り、年30反の麻布を献上していた。第一鳥居は埼玉県上里町勅使河原の丹生神社にあるという。玉村はその地の利によって古くから開けた場所で、100基を超す古墳が築かれた。もとは隣の上福島地区の古神明（北部公園の砂町遺跡付近）にあったが、1742年の洪水で流され、1783年の浅間山大噴火で跡地を失い、神人村の神明原（現在地）に遷したという。跡地はやがて耕されて神田となり、その予祝儀礼として1798年に始められたのが2月11日に行われる〈樋越神明宮の春鍬祭〉†であるという。拝殿前の斎場を田に見立て、鍬持の役が餅を付けた榊や樫の枝を鍬に見立て、畦塗など米づくりの過程を模擬的に演じる。やがて禰宜が「春鍬良し」と叫ぶと、一同が「何時も何時も百世良し」と唱和し、最後に鍬と稲穂が投げられて参拝客が奪い合う。鍬を家に飾ると養蚕があたり、稲穂を祀ると豊作間違いなしという。

飯玉神社

玉村町五料。領主の那波氏が伊勢崎市堀口町の飯玉神社（那波郡総鎮守）から分霊を勧請して創建したと伝える。1907年に保養森の石神社や白山川岸の白山神社を、1908年に新川岸の大杉神社を合祀した。この大杉神社は元は利根川の岸にあり、船頭衆が水上安全の守護神として茨城県稲敷市阿波の大杉神社から分霊を勧請したという。五料は利根川と烏川の合流地で、近世初頭に河岸が開設されて以来、水運の要衝として栄え、俗に「船頭の村」とよばれた。7月に行われる〈五料の水神祭〉‡はもともと大杉神社の祭りである。子どもたちが長さ7mの藁船を曳いて地域を練り歩き、船に災厄を託して利根川へ流し、水難除けや無病息災を祈願する。流した船が岸に閊えた場所は洪水で決壊するという。

白瀧神社

桐生市川内町。昔、仁田山の里に都から嫁いで来た白滝が、殿を建てて八千々姫（織姫）を祀ったのが始まりという。白滝は見事な絹布を織り上げ、それを都へ奉って以降、桐生は絹織で有名になったと伝える。白滝が世を去ると、里人は降臨石の近くに埋葬し、御霊を機織神の白滝姫として八千々姫の殿に配祀し、桐生織（仁田山織）の祖神、機神天神として崇めたという。昔は降臨石に耳をあてると中から機音が聞こえたとも伝える。桐生は絹織物の聖地で江戸時代から「西の西陣、東の桐生」と称され、近代にマニュファクチュアを導入して発展、大正初期には紋章上絵が伝来した。2015年には絹撚記念館や当社など12件が『か

かあ天下一ぐんまの絹物語』として初の日本遺産に認定されている。8月の例祭には〈神誠流大和太々神楽〉が奉納される。

茂林寺（もりんじ）　館林市堀工町。曹洞宗。青竜山と号す。大林正通禅師の開山。狸が化けたという紫金銅製の分福茶釜が伝わる。一度水を入れると一昼夜汲み続けても尽きず、無病息災や開運出世の八徳を授けるという。境内には多くの狸像が立ち並び、本堂には808狸コレクションが展示されている。館林は小麦粉の聖地で、館林駅前には製粉ミュージアムがある。坂東16水沢寺への参拝客に供された生麺の水沢うどんに対して、館林うどんは館林藩から幕府へ献上された乾麺として発達した。いずれも〈群馬の粉食文化・オキリコミ〉の代表格である。日本を代表する企業の一つ日清製粉は、皇后美智子様の祖父正田貞一郎が一橋大学卒業後に館林へ戻り、祖父の興した正田醤油で修業、1900年に館林製粉を創業し、1908年に日清製粉を吸収して改称したものである。

伝統工芸

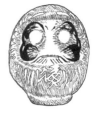

高崎だるま

地域の特性

群馬県は日本列島のほぼ中央に位置し、県西、県北の県境には2000m級の山々が連なり、南東部には関東平野が開ける内陸県である。面積は約6362km²で、県土の約6割が森林に覆われ、地形は上毛かるたに「ツル舞う形の群馬県」と謳われるように空に舞う「ツル」の形を連想させる。

尾瀬の湿原、多くの湖沼、吾妻峡を始めとする渓谷や利根川の清流など変化に富む大自然に恵まれ、日本一の湧出量を誇る草津温泉、『万葉集』にも現れる伊香保温泉、万病に効くとされる四万温泉など名立たる名泉が湯治客を集めてきた。

名前に推察されるように、良馬の産地で東国武士の誕生へとつながったともいわれる。代表的な例の一つとして、鎌倉時代末期、新田荘を拠点として後醍醐天皇の討幕運動に加担し、武蔵丘陵を駆け抜け鎌倉に攻め込み、北条氏を滅亡へと追い込んだ新田義貞があげられる。

上州名物といえば、「上州やくざ」も存在感を放っている。養蚕や製糸、商品作物の畑作が盛んで、現金収入のある裕福な農家が多く貨幣経済に慣れ親しんだこの地では、楽しみながらお金も儲かるという触れ込みで博打が流行した。講談でお馴染みの「国定忠治」は赤城山麓を拠点に博徒として悪名を轟かせたが、天保の大飢饉の際には、私財を投じて山麓の村々を救い、一人の餓死者も出さなかったと語り継がれている。

桐生の町を歩くと、時空を超えて、進取の気性に富んだ土地柄を彷彿とさせるさまざまな風景に出会う。ノコギリ型の屋根が特徴的な織物工場群もその一つ。伝統的な建物の中で、若者たちが集って、丁々発止と激論を交わしながら、新しい意匠開発を目指している。

伝統工芸の特徴とその由来

　平地が少ないため、古くから農家の副業としてクワ栽培と養蚕が盛んであったが、江戸時代には五大街道である中山道や利根川の舟運など大消費地江戸へ続く交通網の発達により、南西部から東部にかけて養蚕、製糸、機織りの技術が向上して分業化が進み、生産体制の規模も大きく拡大して、絹産業の一大産地となった。

　現在も、織物は群馬県を代表する伝統工芸といえるが、中でも京都の西陣織と並び称される桐生織の貢献は際立っている。関ヶ原の戦いの際には、徳川家康の求めに応じて、旗絹2410疋を差し出し、その縁によって桐生は幕府の厚遇を得て、織物の一大産地として順調に発展を遂げたとされている。

　養蚕は蚕という虫を飼い育てることから始まり、家の中でクワの葉を食べさせながら繭づくりの世話をし、繭から糸を繰り出す座繰り作業へと続く。その重要な仕事を一手に担ってきた女性たちは、その後の織物産業の発展により近代化された製糸業や織物業の働き手となったため、伝統的に女性の社会進出がめざましく「かかあ天下とからっ風」と称されて上州名物にも数えられている。

　2014（平成26）年、ユネスコの世界文化遺産に登録された「富岡製糸場と絹産業遺産群」に窺い知ることができる。隆盛をきわめた製糸工場は、1959（昭和34）年では全国に1871軒あったが、2020（令和2）年には、群馬、長野、山形の4社に減少した。工業生産では、1917（大正6）年中島知久平が太田市に「飛行機研究所」を設立し、「隼」の製造やゼロ戦のエンジンの開発などを担う中島飛行機製作所へと成長させた。戦後解体されてからは自動車産業に転じ、富士重工業株式会社を経て、現在も「SUBARU」として県内の製造業を牽引している。

知っておきたい主な伝統工芸品

伊勢崎絣（伊勢崎市、太田市）

　伊勢崎絣の魅力は、老若男女それぞれが気軽に普段着として楽しめること。色柄も豊富、風合いもさまざまで、きものが日常着でなくなった近年、この間口の広さはきものの魅力を再発見させてくれる。

赤城山南麓一帯に広がる織物の里として、1300年余の歴史があるが、17世紀後半頃、草木染による無地や縞が「太織（ふとり）」という名で売り出され、産地が形成されるようになった。「太織」とは屑糸を紡いで自家用に織った厚手で素朴な織物のことで、絣文様も織られるようになると、さらに工夫・改良が加えられて独特の民芸手織絣が生まれた。

　軽く丈夫で色や柄も豊富な上に値段も手頃だったため、明治、大正、昭和と「伊勢崎銘仙」の名で全国に広まり一世を風靡（ふうび）した。先染めの平織で経（縦）（たて）糸に生糸（いと）、緯（横）（よこ）糸（いと）に玉糸もしくは真綿の紡ぎ糸を用いることが多い。この伊勢崎銘仙の技術・技法を受け継いでいるのが伊勢崎絣である。

　括（くく）り絣（かすり）、板締（いたじめ）絣（かすり）、捺染（なっせん）加（か）工（こう）の技法を駆使して、井桁や雨絣のような単純な絣柄から矢絣や市松模様などの精密な絣模様まで、多種多様な柄が産み出されていく。熟練技の手仕事が現在でも比較的安価に入手できるのは、工程ごとに分業化され、それぞれにベテラン職人たちを配して効率的に生産しているからである。もともと普段着として名を馳せた伊勢崎絣としては、きものだけでなく、洋服地やマフラー、テーブルクロス、クッションなど自由自在に現代の生活を彩ってほしいというのが切なる願いであろう。

桐生織（きりゅうおり）（桐生市、太田市、みどり市）

桐生織の特徴は、高度な技術を駆使した織物表現の豊かさにある。お召し織のさらりとした風合い、ジャカード機による変幻自在な紋織、緻密な絵画のような緯錦（ぬきにしき）の丸帯、いずれも絹ならではの贅沢な魅力をたっぷりと味わわせてくれる。

　鎌倉時代末の新田義貞の旗揚げや、関ヶ原の戦いで徳川家康が桐生の白絹（しらぎぬ）の旗を用いたことなどから、桐生織物はその名を全国的なものにした。飛躍的に発展したのは京都の高機が移入されてからである。1738（元文3）年、京で飢饉と大火事が起こったとき、西陣の織工たちを桐生に招き入れ、京の最新の技術を皆で学んだ。同時に各地の優秀な職人たちが桐生に移り住み、一緒に織物技術の習得に励んだ。そしてこの織工たちが全国に散らばり、各地に技術を伝えていったといわれている。

　「西の西陣、東の桐生」と並び称されるように高級な絹織物産地として発展した桐生は、近代的な工場制手工業の産業形態を確立して織物産地としての地位を不動のものとした。

　19世紀前半には幕府の保護もあって、金襴緞子（きんらんどんす）や糸錦（いとにしき）のような紋織物

を生産するようになり、明治時代に入ると、最新式のジャカード機の導入によってさらに複雑な紋様表現が可能となった。それにより、輸出用の広幅織物に力を入れるようになった。広幅織物は伝統的な小幅織物よりも緯糸表現が豊かな上に豪華である。多くの女性たちが織り手として活躍する一方、撚糸（ねんし）、染色、機拵（はたごしら）えに従事する女性も現れて、インフラも含め総合的な生産活動を担うようになった。

　現在では、ジャカード機の紋紙はコンピューター制御に替わり、紋様はさらに緻密に洗練されて絵画や写真のような表現まで生み出された。伝統をしっかり守りつつ、最先端の技術を融合させることを常に志向している。

自性寺焼（じしょうじやき）（安中市）

自性寺焼の魅力は下秋間の土と薪と火によってもたらされる窯変であろう。釉薬（ゆうやく）をかけずに、6〜7昼夜をかけて登り窯で焼成（しょうせい）することで得られる景色である。自性寺とは安中市下秋間の1134（保延元）年開基とされる真言宗豊山派の寺で、自性寺焼の名はこの寺の名に由来している。江戸時代中頃から生活陶器を中心に生産する大きな窯場であったが、最後まで操業していた窯元が益子に移ったため、廃絶したといわれている。

　1979（昭和54）年に当時の陶片をもとに研究を重ねていた青木昇が再興に漕ぎつけ、下秋間から産出する陶土を用いて現在の里秋窯を開いた。酒器や花器など日用品から芸術性に富んだ作品まで幅広く手掛け、中でも、焼き締めの自然釉がつくり出す景色が穏やかな温かみを感じさせて人気を集めている。

根利（ねり）のスズしょうぎ（沼田市利根町根利）

しょうぎとは馬蹄形をした笊（ざる）のことで、台所道具の一種である。うどん、蕎麦の水切りや大きいものは豆や雑穀類の選別に用いる。18世紀初頭、文化年間に信州の伊那地方から根利地区にしょうぎづくりの技が移入されたと伝えられている。根利地区は人里離れた山間地で、冬期は雪が多く外仕事ができないため、しょうぎづくりは冬場の家内作業として歓迎された。近隣の里山にはスズ竹が豊富に自生しており、タケのしょうぎよりもよくしなり、うどん、蕎麦の水切りに最適と人気が出て盛んに生産されるようになった。スズ竹はタケといっても正確にはササで、タケに比べると丈が低く、細くしなやかで加工しやすい上に、丈夫である。戦後、プラスチック製品などの普及により急激に衰退したが、自然素材な

らではの使いやすさと簡素な美しさを湛えたスズしょうぎは、環境保全のためにも見直されるべき工芸品である。

沼田碁器 (沼田市)

碁器とは囲碁に使う碁石を入れる蓋付きの丸い専用容器で、碁笥ともいう。碁盤とともに囲碁に必要不可欠な道具で、愛好家は最上のものを求めてやまないという。碁石は黒白2種の小さな円盤型で直径約2.2cmを標準とし、黒は181個、白は180個が正式対局に必要な数で、黒は那智黒、白はハマグリの殻でつくる愛好家にとってはかけがえのない道具である。

1959 (昭和34) 年より、沼田市では全国でも数少ない碁笥専門の製造が行われている。奥利根の厳しい風雪に耐えたクワ、ケヤキ、サクラ、クリなどの厳選された優良材が、熟練職人の手作業により丹念に加工される。轆轤台と轆轤鉋を用いて、自然の木目を最大限に活かして木地挽きし、磨き、硬質の蝋で手触りよく仕上げた艶は得もいわれぬ味わいである。

高崎だるま (高崎市、安中市)

「達磨」とは中国にわたって禅宗を伝えた達磨大師のことで、「高崎だるま」は、中国の少林寺で9年間坐禅を続けたというその姿を模した張子である。顔面の墨痕鮮やかな眉はツル、髭はカメをかたどっているとされ、めでたい縁起物として人気を博した。

起源は江戸時代初期、碓氷川のほとりにあった小さな観音堂に、一了居士という行者が達磨大師の坐禅像を彫って祀ったことに始まる。「少林山」として知られるようになったこの地に、前橋領主酒井忠挙が寺の開山を発願し、中国の帰化僧東皐心越禅師を招いて少林山達磨寺を開創した。そのお礼に、心越禅師は達磨像を描いて、一年の災禍を除くお札として近在の家々に配るようになったと伝えられている。

その後、18世紀後半、少林山達磨寺9代の東嶽和尚が、天明の飢饉によって苦しむ農民たちの副業になるようにと、その達磨像の絵をもとに木型を彫り、張子のつくり方を伝授した。それを福達磨として売らせたところ、養蚕の盛んなこの地域で、繭を思わせる形の達磨が起き上がる様子が、蚕が丈夫にあがる (成熟した蚕が繭をつくる準備の時期を迎える) と大人気となったのが高崎だるま市の始まりといわれている。

民　話

地域の特徴

　県民に「つる舞う形」で親しまれる内陸の群馬県は、かつては上（毛）野国と呼ばれ、その文化圏は中毛、東毛、西毛、北毛の四つに分けられる。県内には上毛三山の赤城山、榛名山、妙義山のほか多くの山々が点在し、信仰の対象として、また、伝説の地としてもこの地に暮らす人々に親しまれてきた。夏は猛暑と雷、冬は強烈なからっ風が吹きすさぶことで知られるが、晴れた日が多く、水資源が豊富であることから米と麦の二毛作が発達し、おっきりこみや焼きまんじゅうといった県民のソウルフードが誕生した。また、冬場の乾いた気候はダルマづくりに適し、選挙の際には県下でつくられた縁起ダルマが全国へと出荷される。

　県の北西部は日本一の湧出量を誇る草津や、石段で有名な伊香保、四万の病を治すといわれた四万、温泉マーク発祥の地である磯部など、日本有数の温泉地である。南西部から東部にかけては、かつて蚕種、養蚕、製糸、染め、織りといった絹産業を担う一大地域として栄えていた。そのため早く（1884年）から鉄道網が発達し、群馬県で生産された絹糸は横浜から海外へと輸出され、諸外国からも注目された。一連の絹産業群は2014年、「富岡製糸場と絹産業遺産群」として世界遺産に認定され、再び注目され始めている。県民はこうした風土や名産を「上毛かるた」を通して学び、次世代に伝えている。

伝承と特徴

　14世紀頃に安居院によってつくられたとされる『神道集』の中に、群馬県関係の説話が8話確認されている。その後、近世に入ってから各地の伝説が地誌に数多く集められた。『上毛伝説雑記』や『上毛伝説雑記拾遺』は貴重な資料で、中世以降近世に至る歴史や社寺の縁起、伝説が収録されている。明治期には『郷土誌』の発行が盛んになった。

昔話に関する刊行物は1910（明治43）年編纂の各町村の『郷土誌』に取り上げられたものが最初とされるが、伝説に比べると採集は少なく、個人の研究によるところが大きかった。民話調査が本格的に始められたのは戦後になってからで、1951（昭和26）年に沼田女子高校の上野勇と生徒により『でえろん息子』が編まれ、利根地方の昔話が紹介された。さらに、昭和40年代には群馬県教育委員会の民俗調査が行われ、群馬県各地の民話採集が熱心に行われた。同じ頃、群馬県の昔話採集に大きく貢献したのが千葉県出身の柾谷明である。利根地方、吾妻地方を中心に採集を行った柾谷明は自著『金の瓜』の中で、当時の片品村での伝承の状況を「まだまだ人々の心の中に昔語りは生きて存在することを感じる」と記している。

　近年では前橋市出身で新治村の旅館に嫁いだ持谷靖子が、この地域の聞き書きを行い、多くの民話を紹介している。同時に持谷は地元の子どもたちに語りを教え、新しい世代の語り手を育てる活動も行っている。また、従来山間部にのみ昔話が残っているとされてきたが、1985（昭和60）年頃に太田市で優れた語り手が報告されていることにも注目したい。

　山間部では、昔話は主に「むかし」や「むかしがたり」と呼ばれ、発句は「むかしむかしあったげだ」、結句は「いちがさかえた」系と「それっきり」「むかしはむくれて」系がみられる。結句の前者は主に新潟県、後者は長野県に隣接する地域に伝わる。結句だけでも交流・交易地域による語りの違いが垣間見られる。平野部においては、発句・結句の決まりは薄いようである。

おもな民話（昔話）

猿蟹合戦

　柿の種を持った猿と握り飯を持った蟹が出くわす。猿は蟹に柿の種と握り飯の交換を持ち掛ける。蟹は一生懸命柿の木を育てる。実がなった頃に猿が現れて、木に登り自分だけ赤い実を食べる。蟹は猿に「昔の猿は逆さ降りができたけれど、今はできまい」と言い、その言葉に乗せられた猿が逆さになると持っていた柿が落ち、蟹はその柿を手に入れることに成功する。それに怒った猿は「夜討ちに来る」と言って蟹を脅す。蟹が泣いていると、立臼、蜂、牛糞、卵が助太刀を買って出る。夜討ちに来た猿が囲炉裏の火にあたると卵がはじけ、味噌甕に隠れていた蜂が刺し、牛糞で転び、しまいに棚木から立臼が落ちて来て、猿を潰す（『吾

妻昔話集』)。

　群馬県で語られる「猿蟹合戦」には特徴がある。蟹が猿に「逆さ降りができるか」と聞き、蟹は猿が獲った柿を知恵で手に入れる。さらに、猿の家に敵討ちをしに行くのではなく、蟹の家で夜討ちに来る猿を待ちかまえて猿を懲らしめるというパターンである。野村純一は『吾妻昔話集』の解説で、「かつての日に関東地方一帯に行われていた「猿蟹合戦」の語り口は、ようやくここに新たな復元の手掛りと機会とが得られてきた」とし、「猿と蟹とが相争うこの部分こそ、いま在る「猿蟹合戦」成立以前の基軸ではなかったのかと思うわけである」と、現代に残る猿蟹合戦の話から消滅した部分を補う群馬県の語りを評価している。なお、九州では袋に柿を入れて枯れ枝に吊すとおいしくなる、と猿をだまして、蟹が柿を手に入れるモチーフの展開があり、関連を予想させる。

団子智（むこ）　群馬県全県にわたり採集されている笑い話に「どっこいしょ」がある。ばかな智（むこ）が嫁の実家で食べた団子の味に感動し、その名前を忘れないように繰り返し口にしながら帰る。途中、川を渡る際に「どっこいしょ」と言ったことで、「団子」を忘れて「どっこいしょ」と覚える。家に帰り、嫁に「どっこいしょをつくってくれ」というが嫁は「そんなもの知らない」という。腹を立てた智が嫁を殴ると団子のようなこぶができ、「団子」という言葉を思い出す（『やぶづかの昔がたり』）。

　話の筋が変わらず、県内のどの地域でもほぼ「団子」を「どっこいしょ」である。ただ、新治村で語られたものに「ぼた餅」の例がある。

　『やぶづかの昔がたり』の編者・高井恵子は、忙しい母に代わって幼い者たちの世話をした姉がきまって「ドッコイショ」の話をしたと記している。おそらく話が短く簡潔なため、子どもでも語ることができた。親や祖父母から子への伝承だけでなく、子ども同士の遊びの場を通じても広まったのではないだろうか。

米ぼこ糠ぼこ（ぬか）　日本版「シンデレラ」といわれる昔話「米福粟福」。吾妻郡中之条町の六合（くに）地域では「米ぼこ糠ぼこ（ぬか）」の名前で知られる。米ぼこは実子だが、糠ぼこは継子で、ある日、二人は稲穂拾いに行くが、糠ぼこの籠は底がなく、いくら拾ってもいっぱいにならない。日が暮れ帰れなくなった糠ぼこは老婆の家に泊めてもらう。老婆の家には人を食う鬼が来るが、隠してくれたため助かる。夜が明け、糠ぼこは老婆

から延命小袋と打出の小槌をもらい、家に帰る。途中延命小袋のおかげで命拾いする。家では継母と米ぽこが芝居見物に出かけるところだった。継母は糠ぽこに唐臼で麦を搗くように言う。糠ぽこは麦を搗くがなかなか皮が取れない。涙がこぼれると皮がむけたので水につけて搗くと皮が取れることに気がつき、麦搗きを終える。打出の小槌できれいな着物と白馬を出し、芝居見物に出かける。糠ぽこのあまりの美しさに芝居に来ていた皆が見とれ、糠ぽこを嫁に欲しいという話が次々と来て、糠ぽこは幸せな結婚をする。この話の最後に、「小槌で米と蔵を出した」という糠ぽこの言葉をまねて、継母が「こめくら出ろ」と小槌を振ったところ小盲がたくさん出たというオチをつけるものもある（『吾妻昔話集』）。

『日本昔話通観』では本話を「芝居見型」と「嫁入り型」の二つの型に分けているが、群馬県ではどちらの型も拮抗しているが「芝居見型」が優勢であるとし、継子の幸運よりも継母と実子の処罰により大きい関心を示しているとする。また、同書では、幼い聞き手のため結婚という要素よりも「こめくら」の言葉遊びに対象が移っていったことを指摘している。

三枚のお札

長野原町で採話された「三枚のお札」の話に面白いものがある。道端でねずみを飲み込もうとする蛇を見た小間物屋が「おやげねえ（かわいそう）から放してやれ」と蛇に言うと、蛇は睨むような目をしてねずみを放してやる。小間物屋は歩いているうちに道に迷い、灯りのついた家に泊めてもらう。家の主はすごい目をした婆であった。夜になると小間物屋の前に昼間のねずみが現れ、「ここは鬼の家だから今晩ここに泊まると喰われてしまう。いよいよ困ったことがあったら、このお札を投げてくれ」と言って、三枚のお札をくれる。小間物屋は怖くなり逃げ出すが、それに気がついた鬼が後を追ってくる。小間物屋は札を投げ「高い山になれ」「川になれ」「火事になれ」と言い難を逃れる。鬼は火の中で焼け死んでしまう（『長野原町の伝承　小山ふみさん・篠原きぬさんのむかしあったって』）。

全国に広く分布する「三枚のお札」の昔話は、群馬県でも採集報告は多い。小僧、和尚、山姥の組み合わせで語られることが多いが、ここでは動物報恩の話として三枚のお札が授けられた話を紹介した。『日本昔話事典』には「助けるのが和尚であるので小僧としたもので、単に子供となっている話の方がより古い姿をとどめているといえよう」とあり、子どもが登場

しない本話は全国的にもかなり珍しく、その変化が気になる。

おもな民話（伝説）

赤城と日光の戦

下野国の二荒山の神が隣の上野国赤城山の神と赤城湖の奪い合いの戦いを始める。二荒神は孫にあたる猿麻呂という弓の名人に、ムカデに変化した赤城神を討つよう応援を頼む。翌日、大ムカデに変化した赤城神と大蛇に姿を変えた二荒神は激しい抗争を繰り広げる。猿麻呂は言われたとおりに大ムカデに弓を放つ。左目に傷を受けたムカデは急いで走り去ろうとし、猿麻呂は大蛇の代わりにムカデを追うが、とうとう追いつけず上野国の利根川のほとりで断念する。この時戦場になった場所は真っ赤な血が流れ、川までも赤くなった。そこを赤沼と呼ぶようになった。草木も赤くなったので赤木山といい、赤城神が傷を洗った温泉は赤比曾湯と名付けられたという（『上州路（伝説篇）』）。

話の主軸は下野国（栃木県）の二荒神と猿麻呂にあるが、赤城の地名由来譚として伝承されているのが面白い。この話は早く『神道集』にもみられ、柳田國男も『神を助けた話』の中に取り上げている。

木部姫伝説

榛名山は近年パワースポットとしても人気が高く、榛名神社は多くの参拝者で賑わう。榛名富士の麓に広がる榛名湖には木部姫の入水伝説が伝えられている。

木部姫が攻め落とされた木部城から箕輪城へと逃れて来た時のこととも、榛名神社へ願掛けに出掛けた時の話とも伝えられている。榛名湖の前を通りかかったところで、駕籠から降りた姫はそのまま湖に入ってしまう。そして姫は大蛇になって現れる。慌てた腰元たちも後を追って湖に入水するが、腰元は蟹になり、今でも姫を探しているという。そのため、蟹を食べると榛名山へ行けないと言い伝えられている（『群馬県史資料編27　民俗3』）。

筆者も高崎市木部町では沢蟹を食べてはいけないという食物禁忌を聞いたことがある。5月5日には赤飯を榛名湖に供えるが、榛名湖畔と高崎市木部町には木部姫を祀った墓があり、この悲劇が地元の人々に長く語り伝えられてきたことがわかる。

おもな民話（世間話）

おこさまのはなし

「地域の特徴」の項で紹介したとおり、群馬県は養蚕で栄えた地域である。多くはないが、蚕に関する話も集められている。高崎市の話者の話を紹介する。

　ある国の王様が病で亡くなった奥方の代わりに新しい奥方をもらう。継母は王様が家を空けたすきを狙って、邪魔な娘を箱に入れて殺そうとする。一度目は獅子が通る谷間に娘を捨てるが、娘は助かる。二度目は虎が通る竹藪の中に娘を捨てるが、これも助かる。三度目は娘を川に流すが、やはり助かる。四度目は庭に穴を掘り娘を埋めるが、また助かる。最後にたき火で娘の入った箱を燃やす。父親が帰って来て娘を探すが見当たらない。家来に問い詰めると娘は煙になって空へ上がってしまったという。空を見上げていると黒い雲の中から黒くて小さいものがぱらぱら降ってくる。よく見るとたくさんの小さい虫であった。王様は娘の生まれ変わりと信じ大切に育てる（『おこさまのはなし』）。

　実は、この四度にわたる「助け」が実際の蚕の4回の脱皮「シジ休み・タケ休み・フナ休み・ニワ休み」に相当し、話と重なっている。群馬県では蚕のことを「オコサマ」と呼ぶが、話者はなぜ蚕のことを「オコサマ」と呼ぶのかという導入を付けてこの話が語られたことを記憶している。日常の小さな疑問の答えとして用意された、暮らしに密着した話といえる。

狐

狐の話は多い。新治村の語り手は身の周りで起きた狐の話をいくつか覚えていた。例えば、「おらがうちのじいさんが住んでいたころは」として、狐に化かされた話を語っている。「山を下りて酒を飲んだ時のこと。さんまを10匹買って帰ったが、道に迷い、家に着いた時には一つもなくなってしまった。「狐にまやかされた」と言って腰をぬかした。」という（『上州新治の民話』）。

　ほかにも前橋市では小雨の日にオトウカの花嫁行列を見た話、桐生市では戦後の昭和20年代におばあさんが一晩中山の中を歩き、その際に蛇の目傘をさした娘（実は狐）にあったという話など、各所で狐にまつわる世間話が伝えられている。群馬県内では養蚕の神様として稲荷社へ参拝したり、屋敷神として稲荷神を祀ったりする。そうした稲荷信仰の影響からも狐は身近な存在であり、人々の話の中にたびたび登場したのであろう。

文福茶釜

地域の特徴

　群馬県は地理的には関東平野に位置している。県域には「上毛三山」と
よばれる赤城山、榛名山、妙義山がそびえ、人々はそれら三山を日々仰ぎ
ながら生活している。新潟県との県境には三国山脈が連なり、長野県境は
浅間山、栃木県境は足尾山脈が連なっている。山間地域の沼田市・利根郡、
そして吾妻郡は雪国の山村文化の傾向が濃く、一方、平野部の館林市・邑
楽郡などは利根川と渡良瀬川沿いの低地文化を育んできた。また、高崎・
前橋・伊勢崎・桐生の各市域は、近世以降、養蚕・製糸・織物を基調とし
た産業経済を発展させてきた。

　群馬の冬は三国山脈から乾燥した季節風が吹き荒れ、高崎ダルマづくり
などは、この冬の季節風に関連した産業とされる。赤城山から吹き荒れる
冬の風は赤城おろしとよばれ、上州の風土を語る際の重要な要素となって
いる。民俗文化の立場から群馬の県民性をみていくと、冬の乾燥したカラ
ッとした気象の印象が強く、日照時間も日本一という気象環境もあいまっ
て、ある意味では、妖怪を出没させない風土性があるように思われる。

伝承の特徴

　県域の中央を利根川が貫流していることもあり、水にまつわる伝承は比
較的豊かに伝承されている。妖怪関連では、水神すなわち河童信仰や龍神
信仰が各地に伝わる。また、祝儀に際して膳椀を貸してもらうために滝壺
や淵などで祈ると、翌日には準備されているという椀貸伝説が利根川と、
その支流域に多数分布する。

　1884（明治17）年には東京上野と高崎を結ぶ高崎線、1889（明治22）年に
は高崎と栃木県小山を結ぶ両毛線が開通した。明治期の鉄道開通に伴い、
狸が列車に化けたりする話が伝わるのは文明開化との相克・摩擦の一例と
もみられる。なお、水上町藤原では、昼間に昔を語ると化け物が出るとい

うが、これは昔話を語る時間帯を教えてくれる伝承である。

主な妖怪たち

小豆とぎ婆
小豆とぎ婆、小豆洗いの名称で県内に広く分布している。山田郡大間々町（現・みどり市）では、晩になると橋の下から小豆とぎ婆が「小豆とごうか、人取って食おうか」と言ってやってくるという。特に子どもが夜遅くまで戸外で遊んでいると、「小豆とぎ婆が出るから早く帰れ」と言われた。吾妻郡吾妻町本宿（現・東吾妻町）では、「隠し坊主がやって来るから帰れ」と言った。同様な伝承は昭和村金棒のガン沢、太田市矢田堀の諏訪神社付近、渋川市祖母島、小野上村など広範囲に伝わる（『群馬県史資料編27民俗3』）。

イタチ
上越線が開通したころ、イタチが大入道に化けて3回ほど線路に出た。最後に汽車にひき殺されてしまった。黒イタチであったという。鉄道が開通した時代には似たような話は各地に伝わる（『群馬県史資料編27民俗3』）。

歌うどくろ
一人の貧しい旅商人が峠を越えて野原でにぎりめしを食べていると近くでいい声をして歌い出す者がいる。しかし、見回しても誰もいない。よく見ると足元にどくろがあって、それが歌っていた。旅商人は薄気味悪いと思いながらも、どくろに向かって「歌がうまい」と誉めた。するとどくろはしゃべり出して敵討ちの話を聞かせた。旅商人は旅先で人々にどくろの歌を聴かせて金儲けをして歩いた。あるとき大きな城下町に着くと、殿様が噂を聞きつけて、どくろの歌を所望した。城ではいつもと違う歌を歌い出し、3年前に侍が殺されるというところまで歌うと、どくろは一人の偉そうな侍のところへ飛びかかった。それで3年前のことがわかり、どくろの残された子を探して取り立ててやったという。旅商人は殿様から褒美をたくさんいただき幸せに暮らしたという（『群馬県史資料編27民俗3』）。

オトウカ
狐のことをオトウカという。オトウカは人をよく騙した。狐火が遠くに見えるときはオトウカが足元にいるという。オトウカの嫁取りの話は各地に伝えられている。前橋市亀里町では、極楽寺の裏手のジョウノヤマという山にオトウカが棲んでいて、小雨がしとしと降る暗闇の晩になると、人間の結婚式のように花婿は紋付きの羽織、袴を

着け、花嫁は高島田を結って並び、お供が提灯を下げて長持を担いでぞろぞろと列をつくって通るのが見えたという。その提灯は点いたり消えたりして小雨に霞んでとてもきれいであった。このオトウカの嫁取りは人間が近づくと消えてしまう（『群馬県史資料編27 民俗3』）。

オトボウナマズ

前橋市野中の清水川にオトボウナマズという大きな三年鯰が棲んでいた。魚釣りの人がオトボウナマズを取り腰籠の中に入れようとしたが、大きすぎたので切って入れたところ、もう一匹の鯰が「オトボウ、オトボウ」とよんだという。これにはよく似た類話が伝わる。掻い掘りして大きな鯰を捕り、腰籠に入れて家に帰ろうとすると「オトボウヤ、オトボウヤ」と山のほうで呼ぶ声がした。すると、腰籠に入っていた鯰が「おーい」と返事をしたという。また、おとさんという人が麦刈りに行ったところ、鯰が化けておとさんに抱きついてきた。「オトボウ、オトボオウ」と言って追いかけてきた。清水川には鯰の化け物がいて、大きな鯰を見ると、「オトボウじゃねえか」などと言った。オトボウのほかに、イヌボウの名でも同類の話が伝わる（『群馬県史資料編27 民俗3』）。

オボ

利根郡利根村柿平には、オボとよぶイタチが化けたような妖怪がいた。人が道を歩いていると、足にまとわりついて歩く邪魔をし、放っておくと歩くどころではないので、刀の下げ緒、着物の小褄などを切って与えることで足から離れさせることができるという。かつて小学校に通っていた少年が、下校時に山道を登り始めたところ、道端の草むらから赤子の産声のような声が聞こえた。恐怖した少年が駆け去ろうとしたところ、声はますます大きくなり、ようやく家へ帰り着いて祖父に事情を話したところ、祖父が言うには、その声はオボの泣き声だということであった（『日本怪談集 妖怪篇』上）。

火車

猫が年を取ると火車になるという。葬式のときに火車が来て棺桶をさらう話が各地に残る。急に黒雲が出て嵐になって棺桶を巻き上げる。利根郡みなかみ町藤原では、葬式の際に、宝川の奥から雲が出てきて一転にわかに曇り、棺桶が巻き取られてしまった（『群馬県史資料編27 民俗3』）。

河童

群馬県ではカッパ、カワッパとよぶ。子どもくらいの大きさで、手が伸び縮みし、頭に水の入った皿が載る。口はとがって手足に

水かきがある。水中に棲んでいて、人を引き込んで臓物を尻から抜き取るとされる。夏場に子どもたちが川で水泳ぎをする際に必ず注意されることでもあった。伊勢崎市太田町の広瀬川の左岸にはタネン淵があり、そこに河童が棲んでいたと伝える。内山氏の先祖太郎右衛門が河童退治に行って待ちながらうとうとしていると、馬が川に引き込まれたのであわてて引き摺り出し、格闘の末に河童を押さえ込んだという伝承がある。

　吾妻郡六合村赤岩（現・中之条町）の湯本家は代々医者であった。治療を終えた主人が馬に乗っての帰り道、橋の上で馬が動かなくなってしまった。暗闇で目をこらして見ると河童が馬の脚を押さえていたので、刀を抜いて気合いを掛けて切りつけた。するとぎゃーという叫び声がして河童は川に飛び込んでしまった。橋の上で馬をなでまわしていると、ぬるぬるした硬い冷たい腕が一本落ちていた。それを家に持ち帰った。すると、その夜更けに戸を叩く音がして、開けると見知らぬ小僧が立っていて、橋のところでいたずらをした河童と名乗り、腕を返してほしいと懇願した。返してくれれば傷薬のつくり方を教えるということで河童の腕を返した。湯本家の家伝薬のいわれである。北群馬郡吉岡町野田には、河童の骨接ぎ伝授として伝わる（『群馬のおもしろばなし』）。

サトリお化け

　吾妻郡長野原町横壁の伝承である。昔、サトリというお化けがいた。山小屋でこちらが何か考えると、「俺はそうではない」とか、こちらの考えていることをみんな悟ってしまうお化けである。イロリに木をくべてあたっていると、サトリが入ってきてイロリにあたる。すると突然、栗がパチンとはねてサトリに当たった。サトリは「とても人間には叶わねえ」と逃げていった。同郡水上町綱子（現・みなかみ町）では、家族が親類の祝儀に出掛け、女の子が一人で留守番をしているとサトリが入ってきた。サトリが「寒いから燃せ」と命令するので、女の子は言うとおりに芝を膝で折ってはイロリにくべていた。突然、芝の真ん中が折れてサトリの額にパチンとぶつかった。そうしたらサトリは不意打ちを食らって逃げ出したという。人間の気分を先に読んでしまう化け物であるが、不意打ちでは先が読めなかったらしい（『群馬のおもしろばなし』）。

しゃべり石

　吾妻郡中之条町大道にしゃべり石がある。三角形に突出した巨石である。昔、親の敵を訪ねて全国を歩いてい

る人がこのところへ来たときに、日が暮れてしまったので石の根元で休んでいた。すると、不思議なことにこの石の中から声が出て、敵のいる場所を教えてくれた（『群馬県史資料編27民俗3』）。

ダイダラボッチ

巨人伝説のダイダラボッチは東毛地方に多くみられる。デエダラボッチ・デッチラボウ・デッタラボッチ・デーラボッチなどとよばれる。よく知られているのは、大男が赤城山に腰掛けて利根川で足を洗ったという話である。腰掛けた山は、赤城山のほか榛名山であったり、金山であったりする。川も渡良瀬川であったりする（『群馬県史資料編27民俗3』）。

テコジロウ

利根郡利根村砂川（現・沼田市）には、赤城山から流れ出る沢に大きな滝壺があった。あるとき、村人が川止めをして魚を捕ろうとした。仕度ができた頃急に眠くなってしまった。眠りから覚めて見ると浅瀬で小さな魚がちょろちょろしている。捕まえようとすると、「テコジローやー」と声がした。それに構わず捕まえて家に帰って腹を割いてみると、何と中からは昼に持っていった自分の弁当が出てきたという。それからその淵に行くと必ず「テコジローやー」という声がした。そして、しばらく経ってからその淵で60cmもの大きなイワナが死んでいた。あのときに取った小さなイワナの親であろうということになり、以来その淵では川止めをしないようになった（『群馬県史資料編27民俗3』）。

猫ばば

水上町藤原（現・みなかみ町）の猫ばばの話では、孫と一緒に寝ていたお婆さんを朝ご飯ができたとよんだら、「手を一本食ってしまえば起きるから」と変なことを言うので、不思議に思った嫁が見に行くと赤子が食べられており、お婆さんは山姥になって逃げていった。そして、あるとき猟師がその山姥を見かけたが、見たことを言うと死んでしまうというので猟師は死ぬまで語らなかったという。山の中で猫の話をすると猫ばばが出るという（『きつねのあくび』）。

分福茶釜

昔、館林の茂林寺裏山に狸の親子が住んでいた。いつになく寒い日が続いたので食べるものがなくなってしまった。そこで父親狸は、自分が茶釜に化け、母親狸が人間に化けて、道具屋で茶釜を売って儲けようということになった。道具屋にやってきた茂林寺の和尚がその茶釜を買っていった。ある日、その茶釜でお湯を沸かしてお茶を飲

もうと火に掛けたところ、「あち、あちっ」と悲鳴を上げながら茶釜から手と足を出した狸が現れた。あまりに不思議な茶釜であったので、和尚は道具屋に売ってしまった。道具屋に助けられた狸は、お礼に曲芸を見せて店を繁盛させた。しかし、茶釜から抜け出せず元に戻れなかったので、茂林寺の和尚にお願いし茶釜を祀ってもらうことにした。この茶釜を拝むとご利益があるという。

　江戸時代の随筆である根岸鎮衛『耳嚢』によると、今はみだりに見せないが、差し渡し3尺（約90cm）、高さ2尺（約60cm）ほどの唐金茶釜で、守鶴という僧がこの茶釜を用いて湯を沸かしたとある。1,000人分でも湯が尽きない不思議な茶釜であった（『館林の民俗世界』）。

目玉の化け物
碓氷郡松井田町峠に伝わる目玉の化け物は、膝小僧のところに目玉のあるお化けという。昔、「そのような化け物がいるはずはない」と馬鹿にした男が峠に出掛けたところ、途中で人に出会った。「このあたりに膝に目玉のある化け物が出るというが、そんなことはないと思ってやって来た」と語った瞬間、その人は「それじゃあ、これか」といった膝をまくって見せたという（『群馬県史資料編27 民俗3』）。

ワウー
利根郡みなかみ町藤原に伝わる話。昔、ワウーという化け物がいて山小屋を揺すったりした。代々狩りをしている人の話では、武尊山麓の刈俣にワウー沢という地名がある。昔は山奥に入って小屋を建てて木鉢や下駄棒を取った。小屋の大きさは1坪半ほどであった。夜になると毎晩小屋の上にある大木の上で「ワウー」と大声でなくものがいる。泊まっていると恐ろしくて外に出ることもできなかった。あまりに恐ろしい出来事であったので、今もワウー沢の名が残っているという（『群馬県史資料編27 民俗3』）。

高校野球

群馬県高校野球史

　1897年群馬県中学（現在の前橋高校）に野球部が創部され，続いて翌98年に群馬県尋常中学群馬分校（現在の高崎高校），1900年太田中学（現在の太田高校），02年富岡中学（現在の富岡高校）で次々に創部され，25年夏，前橋中学が甲子園に初出場した．

　以後，群馬県勢をリードしたのが稲川東一郎監督の桐生中学（現在の桐生高校）である．稲川は桐生中学在学中に野球部を創部して主将となり，卒業と同時に監督に就任，以来44年間監督を務めた．36年春には甲子園で準優勝している．

　また，32年夏に甲子園に初出場した高崎商業も戦前だけで4回出場，38年夏にはベスト4まで進むなど，桐生中学とともに，県内の中等学校球界をリードしていた．

　戦後第1回の46年夏の大会には桐生工業が初出場．翌47年の選抜では桐生中学がベスト4まで進むなど桐生市の2校が活躍した．

　55年選抜では桐生高校が2度目の決勝戦に進んだ．決勝戦では猛打の浪華商業と対戦，今泉喜一郎投手は4番坂崎一彦選手を4回敬遠しながら，たった1回だけ勝負した6回に逆転2ランホームランを打たれ，結局延長11回の末に惜敗した．桐生高校は67年春に稲川監督がグランドで倒れて他界，以後同校は甲子園から遠ざかっていった．

　一方，県内では高崎商業が復活，前橋工業，東京農大二高が台頭して，桐生勢から前橋・高崎の2大都市に中心が移っていった．

　こうした中で急速に力をつけてきたのが前橋工業で，74年夏にはベスト4まで進んでいる．

　78年の選抜には桐生高校と前橋高校の2校が同時に出場，前橋高校のエース松本稔投手は初戦の比叡山高校戦で，選抜史上初の完全試合を達成．一方の桐生高校も準決勝まで進んでいる．

平成に入ると，群馬県の高校球界は飛躍的に強くなった．桐生第一高校は91年選抜に初出場すると，99年夏には群馬県勢として春夏通じて初めて全国制覇を達成した．

　しばらくは桐生第一高校の天下が続いたが，2010年以降勢力図が一気に変化した．前橋育英高校と高崎健大高崎高校が急速に台頭，夏の大会では前橋育英高校が5回，高崎健大高崎高校が3回代表となり，2013年夏には前橋育英高校が全国制覇，高崎健大高崎高校も12年春にベスト4に進んでいる．

【秘話】あと1つ勝てなかった藤岡高校

　夏の甲子園の代表決定戦は，高校野球の全公式戦の中で最も重要な試合である．勝てば甲子園に出場，負ければ県大会敗退で，その差は天国と地獄である．特に，開校以来初の甲子園出場がかかっていると，その重要性はさらに増してくる．

　しかし，この試合にさえ勝てば甲子園への出場切符を手に入れることができると思うと，どうしても選手は緊張し，通常やらないようなミスを犯してしまうことがある．戦っているのは高校生だけに，このすさまじいプレッシャーに打ち勝つのは難しい．実際，甲子園をかけた試合で，常連校と初出場を目指す高校が対戦した場合，予想外の大差で常連校が一蹴してしまうことが多い．これは，実力の差というよりも，「この試合に勝てば甲子園」というプレッシャーに対する経験値の差といえる．

　1956年夏，当時は群馬県と栃木県の代表が北関東大会を戦い，勝った1校だけが甲子園に進むことができた．対戦したのは群馬県の藤岡高校と栃木県の足利工業で，甲子園をかけての試合となった．試合は1−1の同点で延長戦に入り，延長15回裏，藤岡高校は2死満塁からヒットが出て，サヨナラ勝ちで開校以来初の甲子園出場を決めたはずであった．

　しかし，このとき一塁走者が二塁ベースを踏まずにベンチに戻ってしまった．これに気づいた足利工業の選手が二塁ベースにタッチしてアピール，藤岡高校の得点が取り消されてしまったのである．試合は再開され，延長21回まで続いた末に足利工業が勝って甲子園に出場した．

　このチャンスを逃した藤岡高校は，その後1度も甲子園に出場することができないまま，2007年に廃校となってしまった．

桐生高 (桐生市, 県立)

春12回・夏14回出場
通算28勝26敗, 準優勝2回

　1917年桐生町立中学校として創立. 30年県立に移管し, 48年の学制改革で桐生高校となる.

　20年から野球が始まり, 22年に創部. 翌年卒業した稲川東一郎がそのまま監督となり, 以後44年間同校を指導した. 27年夏に甲子園初出場, 36年春には準優勝. 戦後も, 55年春には準々決勝で今泉喜一郎投手が明星高校をノーヒットノーランに抑え, 準優勝している. 78年選抜では阿久沢毅が王貞治以来という2試合連続ホームランを打つなど活躍, ベスト4まで進んだ.

桐生工 (桐生市, 県立)

春2回・夏2回出場
通算1勝4敗

　1934年桐生工業学校として創立. 48年の学制改革で県立桐生工業高校となった.

　36年に創部し, 46年夏に甲子園初出場. 52年選抜で初勝利をあげ, ベスト8まで進んだ. 60年夏を最後に出場できていない.

桐生第一高 (桐生市, 私立)

春6回・夏9回出場
通算17勝13敗1分, 優勝1回

　1901年桐生裁縫専門女学館として創立. 04年桐生裁縫女学校, 34年桐生高等家政女学校, 46年桐ヶ丘高等女学校を経て, 48年の学制改革で桐丘高校となる. 89年桐生第一高校と改称.

　85年創部. 91年春に甲子園初出場でベスト8に進むと, 以後は常連校として活躍. 99年夏には群馬県勢初の全国制覇を達成した. 2003年夏にもベスト4まで進んでいる.

樹徳高 (桐生市, 私立)

春0回・夏2回出場
通算1勝2敗

　1914年樹徳裁縫女学校として創立し, 41年樹徳高等裁縫女学校, 46年樹徳高等女学校と改称. 50年樹徳高校となる.

　71年創部. 89年に元プロ野球選手の木村一夫監督が就任して強くなり, 91年夏に甲子園初出場. 翌92年夏には近江高を降して初勝利をあげた.

高崎高 （高崎市，県立）
春2回・夏0回出場
通算0勝2敗

　1897年群馬県尋常中学校群馬分校として創立．1900年独立して群馬県高崎中学校となり，01年に県立高崎中学校と改称．48年の学制改革で高崎高校となる．

　1898年に創部したが，1910年頃に活動がいったん停止し，22年に再開された．81年選抜で甲子園初出場．エース川端俊介は山際淳司のノンフィクション『スローカーブを，もう一球』の主人公として知られる．2012年選抜にも出場した．

健大高崎 （高崎市，私立）
春5回・夏3回出場
通算14勝7敗1分

　1936年に創立された服装和洋裁女学院が母体．54年須藤高等技芸学校となり，68年群馬女子短期大学附属高校を開校．2001年共学化し，高崎健康福祉大学高崎高校と改称した．

　01年創部．11年夏甲子園に初出場すると初戦を突破．翌12年選抜ではベスト4に進出．以後，出場するたびに上位に食い込んでいる．果敢な走塁で全国に知られる．

高崎商 （高崎市，県立）
春3回・夏11回出場
通算5勝14敗

　1902年高崎市立商業補習学校として創立．08年高崎市立甲種商業学校となり，18年に県立に移管して高崎商業学校と改称．48年の学制改革で県立高崎商業高校となった．

　21年に創部し，32年夏に甲子園初出場．38年夏にはベスト4まで進むなど，戦前だけで4回出場．戦後も70年夏に甲子園に復帰し，以後出場回数を重ねている．

東京農大二高 （高崎市，私立）
春3回・夏5回出場
通算8勝8敗

　1962年東京農業大学の附属校として創立し，同時に創部．65年選抜に初出場するとベスト8まで進んだ．以後出場を重ね，近年では2009年夏に出場している．

前橋高 (前橋市，県立)
春2回・夏4回出場
通算2勝6敗

1877年第17番中学利根川学校として創立．79年群馬県中学校，1901年群馬県立前橋中学校と改称．48年の学制改革で前橋高校となる．

1897年に創部という県内きっての名門で，1925年夏甲子園に初出場し，翌26年夏にはベスト8に進んで，静岡中に延長19回の末に惜敗した．78年春，松本稔投手が初戦の比叡山高校戦で選抜史上初の完全試合を達成している．近年は，2002年選抜に出場している．

前橋育英高 (前橋市，私立)
春2回・夏5回出場
通算10勝6敗，優勝1回

1963年に創立し，翌年創部．2011年春甲子園に初出場を果たすと，13年には夏の大会初出場で全国制覇を達成した．16年からは4年連続して夏の甲子園に出場している．

前橋工 (前橋市，県立)
春4回・夏9回出場
通算15勝13敗

1923年前橋市立前橋工業学校として創立．37年県立に移管し，戦後，県立前橋商工学校の工業部を吸収．47年の学制改革で前橋工業高校となる．

創部は24年だが，公式には初めて北関東予選に参加した27年を創部年としている．66年選抜に初出場，以後県内を代表する強豪として活躍．74年夏にはベスト4に進み，96年からは2年連続して夏の大会でベスト4に進出している．

前橋商 (前橋市，県立)
春3回・夏5回出場
通算5勝8敗

1920年前橋市商業学校として創立．34年県立に移管して前橋商業学校となり，44年前橋第二工業学校を併設．46年前橋商工学校と改称．48年の学制改革で前橋商業高校となる．

20年に創部し，29年夏に甲子園初出場．86年夏に57年振りに甲子園出場を果たすと，3回戦まで進んだ．以降，出場を重ねている．

㉝群馬県大会結果（平成以降）

	優勝校	スコア	準優勝校	ベスト4		甲子園成績
1989年	東京農大二高	6－4	前橋商	伊勢崎商	樹徳高	2回戦
1990年	高崎商	7－0	前橋工	前橋高	富岡高	初戦敗退
1991年	樹徳高	3－2	前橋工	中央高	関東学園大付高	初戦敗退
1992年	樹徳高	3－1	太田市商	前橋商	前橋工	2回戦
1993年	桐生第一高	2－0	利根商	中央高	富岡高	3回戦
1994年	東京農大二高	9－4	前橋工	太田市商	太田高	2回戦
1995年	桐生第一高	5－2	高崎商	前橋工	嬬恋高	初戦敗退
1996年	前橋工	6－1	常磐高	前橋商	高崎高	ベスト4
1997年	前橋工	8－2	前橋商	利根商	前橋商	ベスト4
1998年	桐生第一高	4－1	太田市商	東京農大二高	前橋工	初戦敗退
1999年	桐生第一高	10－1	沼田高	高崎商	勢多農林	優勝
2000年	桐生第一高	5－0	前橋工	前橋高	高崎商	初戦敗退
2001年	前橋工	8－2	太田工	太田市商	桐生商	2回戦
2002年	桐生市商	1－0	太田市商	桐生第一高	前橋商	初戦敗退
2003年	桐生第一高	6－3	前橋商	前橋育英高	桐生商	ベスト4
2004年	桐生第一高	3－2	前橋工	利根商	高崎商	初戦敗退
2005年	前橋商	8－4	太田市商	桐生第一高	高崎商	3回戦
2006年	桐生第一高	2－1	前橋工	東京農大二高	桐生市商	3回戦
2007年	前橋商	3－2	桐生第一高	高崎商	前橋育英高	3回戦
2008年	桐生第一高	2－1	樹徳高	伊勢崎高	桐生市商	初戦敗退
2009年	東京農大二高	2－0	樹徳高	桐生南高	市前橋高	3回戦
2010年	前橋商	3－1	前橋工	前橋高	健大高崎高	2回戦
2011年	健大高崎高	10－6	高崎商	桐生市商	前橋工	2回戦
2012年	高崎商	2－0	桐生市商	桐生南高	前橋育英高	初戦敗退
2013年	前橋育英高	3－0	東京農大二高	樹徳高	前橋工	優勝
2014年	健大高崎高	1－0	伊勢崎清明高	桐生第一高	高崎経大付高	ベスト8
2015年	健大高崎高	5－4	桐生第一高	前橋商	高崎商	3回戦
2016年	前橋育英高	8－4	健大高崎高	前橋工	伊勢崎清明高	初戦敗退
2017年	前橋育英高	6－4	健大高崎高	明和県央高	東京農大二高	3回戦
2018年	前橋育英高	6－5	健大高崎高	関東学園大付高	高崎商	2回戦
2019年	前橋育英高	3－0	前橋商	桐生第一高	関東学園大付高	初戦敗退
2020年	桐生第一高	6－5	健大高崎高	前橋商	前橋育英高	（中止）

やきもの

自性寺焼（甕）

地域の歴史的な背景

　群馬県は豊かな自然と温泉が多いことでよく知られる。例えば、徳富蘆花の『不如帰』の舞台となった伊香保温泉は全国的に有名である。しかし、やきものに関しては、長い間まったくといっていいほど知られてこなかった。ひと昔前までは、陶芸の過疎地と呼ばれていたほどである。ただ、やきものがなかったわけではない。昭和50（1975）年以降、廃絶されていた窯場跡やその周辺を巡っていた近隣の陶芸家たちが良質の陶土を発見。それを契機に、県内にいくつかの窯が開かれ、今日に至っていることを注記しておきたい。

主なやきもの

自性寺焼

　安中市下秋間で焼かれた陶器。禅寺の桂昌寺に近い山麓と裏山に窯跡が残り、そこから、徳利や丸鉢、甕などの日常雑器が出ている。いずれも薄づくりで、鉄釉や糠釉、灰釉、緑釉などが施されており、幕末頃のものと推測される。その窯場が最も活気を呈していたのは江戸中期の頃で、日常雑器の他に芸術味豊かな高級品まで焼かれていた、という。

　だが、明治になると時代の流れの中で次第にさびれ、明治38（1905）年、最後に残っていた窯元の須藤湧次郎が益子（栃木県）に移住したため、長い伝統の火は消えてしまった。以来、地元でも忘れ去られようとしていたが、新たに古窯跡の調査研究がなされ、そこから関東地方には無類ともいえる良質陶土が発見された。そして、窯が復興されたのである。

　昭和58（1983）年には、「自性寺焼陶芸村」も誕生した。現在は、数軒

の窯が存在する。

渋民焼
<small>しぶたみ</small>

　伊香保温泉から渋川市へ向かう通称伊香保街道沿いに渋民焼の窯場が
ある。県内の窯としては新しく、昭和61（1986）年に開窯された。

　渋民焼は、渋川市内から採れる陶土と釉薬でつくられる。その特徴は、
焼き上がりの独特の艶である。製品には、茶器やコーヒーカップ、鉢、
花瓶などがある。鉄釉を基調にプラチナや金で絵付したものが多い。

　明治期には、伊香保温泉のみやげとして伊香保焼があった。仙果とい
う人がはじめた楽焼で、銘印には「仙果」「仙果造」「いかほ焼」などと
あるが、遺品は少ない。他にも、温泉客目当てに作陶が試みられた、と
いうが、定着はしなかった。

 Topics ● 釜めしの容器

　日本に駅弁は数あれど、横川駅（群馬県安中市）の「峠の釜めし」
は、昭和33（1958）年の販売以来、高い人気を誇っていた。

　かつて、横川駅−軽井沢駅間は碓氷峠の急な勾配があり、通過
する全ての列車に補助機関車の連結が必要であった。その連結のた
めに、横川駅では列車が一定時間停車したのである。

　その時間を利用して乗客が購入したのが「峠の釜めし」である。
それまで駅弁といえば折詰が常識であったが、一人用の陶器の釜
（一合入り）を用い、当時としては画期的な温かい駅弁を提供でき
たことでたちまち人気を呼んだ、という。

　ただ、この釜は群馬県産のやきものではない。栃木県の益子焼で
ある。釉薬（茶）の掛かった上半分には「横川駅」と製造元の「おぎ
のや」という文字が記され、釜の上には5ミリほどの素焼の蓋が付
いている。食べ終わった後も捨てずに持ち帰り、家で使う人が少な
くなかったようである。

Ⅳ

風景の文化編

地名由来

「高崎」と「前橋」の県庁争奪戦

　栃木県と群馬県はかつては「毛野国」として1つであったことは、栃木県で述べた通りである。関東平野は我が国最大の平野であったが故に、県境は様々に移り変わってきた。群馬県と埼玉県の県境にもいくつかの変遷があった。熊谷は今は埼玉県の有力な都市なのだが、かつては群馬県であったこともある。

　さらに注目すべきは「高崎」と「前橋」の県庁争奪戦であった。ここには長野県における「松本」と「長野」の確執に似た歴史的経緯があった。まず群馬県が成立するまでの複雑な経緯をまとめてみよう。

　明治2年（1869）　12月26日　「岩鼻県」設置

　　　　　　　　　　　　　　　政府の「府藩県三治制」による。

　明治4年（1871）　　7月14日　廃藩置県

　　　　　　　　　　　　　　　前橋県・高崎県・沼田県・安中県・伊勢

　　　　　　　　　　　　　　　崎県・小幡県・七日市県・川越県成立。

　　　　　　　　　　10月24日　「高崎県」として統合。しかし、わずか3

　　　　　　　　　　　　　　　日後、

　　　　　　　　　　10月27日　「群馬県」に改称。通達には「云々ノ情実」

　　　　　　　　　　　　　　　による、としか書かれていない。

　　　　　　　　　　11月19日　群馬県の県庁が高崎に開庁。（高崎を慮

　　　　　　　　　　　　　　　ってか？）

　明治5年（1872）　　5月27日　県庁が前橋に移る。（高崎城を兵部省に

　　　　　　　　　　　　　　　移し、軍事的拠点とした）

明治6年　（1873）	6月15日	群馬県は廃止され「熊谷県」になる。（当時「入間県」と「群馬県」の県令を兼務していた河瀬秀治が、前橋が遠いので川越と前橋の中間に位置する熊谷に熊谷県を置いたという）
明治9年　（1876）	8月21日	再び「群馬県」となり、県庁は高崎に置かれる。（これで「群馬県」は正式にスタート）
	9月21日	前橋で政務を執ることが認められる。（わずか1ヶ月で高崎での県庁は終わった）
	9月29日	高崎から嘆願書提出。（高崎側から抗議の声が挙がり、嘆願書を提出。県令はいずれ高崎に戻すと約束）
明治14年（1881）	2月16日	県庁を正式に前橋に移すことを決定。（高崎から見れば裏切り行為にほかならない）
	8月10日	県庁への抗議行動。（しかし、最終的には裁判で敗訴し、県庁は前橋ということに決まった）

　この経緯を見ると、高崎市の無念が今に伝わってくる。江戸時代において高崎藩は8万石、前橋藩は15万石とそれほどの開きはなかった。結果的に前橋に県庁が置かれたが、その後の発展ぶりを見ると明白に高崎に軍配が挙がったと言えよう。

とっておきの地名

①吾妻（あがつま）　　古代より「吾妻郡（あがつまのこおり）」として知られ、現在も吾妻郡が存在する。群馬県の北西部一帯を占め、新潟県・長野県と境を接する。日本武尊が東国を押さえて碓氷峠を越えて帰ろうとした時に「吾妻はや」とのたまったとの伝説による。『日本書紀』にはこう記されている。

　「時（とき）に日本武尊（やまとたけるのみこと）、毎（つね）に弟橘媛（おとたちばなひめ）を顧（しの）びたまふ情（こころ）有（みこころあ）します。故（かれ）、碓日嶺（うすひのみね）に登（のぼ）りて、東南（たつみのかた）を望（おせ）りて三（み）たび歎（なげ）きて曰（のたま）はく、『吾嬬（あづま）はや』とのたまふ。故因（かれよ）りて山（やま）の東（ひむがし）の諸国（もろもろのくに）を号（なづ）けて、吾嬬国（あづまのくに）と曰（い）ふ」

およその意味は理解いただけるだろう。現代の国語辞典で「あずま」を引くと「東・吾妻・吾嬬」が出てくる。「東」を「東（ひがし）」と読むルーツはこの吾妻（あずま）郡にあったのである。

②伊香保（いかほ）　　『万葉集』巻十四の相聞歌に、
　　　　　　伊香保ろの傍（そひ）の榛原（はりはら）ねもころに
　　　　　　　　　奥をなかねそまさかし善（よ）かば
とある。この「伊香保ろ」は険しい山容を意味する「厳（いか）つ峰（ほ）」からきたものと言われ、現在の榛名山を指している。伊香保町は平成18年（2006）の合併で渋川市となったが、昔から榛名山山麓の石段街として知られる伊香保温泉で有名。「榛原」とは榛名山に続く原野を詠んだものである。

③草津（くさつ）　　「草津温泉」で全国的に知られている。草津温泉は強酸性のお湯で知られ、林羅山の日本三名泉に数えられる。湯量の豊富さでは全国でも一、二を争っている。草津の由来は硫化水素が強い臭いを発するところから「くさい水」の意味で「くさみず」「くそうず」と呼んだことによるとされる。江戸期前までは「草津」「草生津」「九相津」「久佐津」「九草津」などと表記されていたが、江戸期からは「草津」に統一されている。もとは「くさづ」と読んでいたらしいが、今は「くさつ」である。

④群馬（ぐんま）　　上野国が群馬県になったのは、県庁所在地を争った高崎が「群馬郡（くるまのこおり）」にあったことによるものである。現在の都道府県名の多くがそのような単純な理由でつけられた。上野国で「群馬郡」は重要な位置にあった。『和名抄』では「群馬」は「久留末」と訓じ、「長野」「井出」「小野」「八木（かむさと）」「上郊（あきり）」「畔切」「島名」「群馬（くるま）」「桃井（もものい）」「有馬」「利刈（とかり）」「駅家（うまや）」「白衣（しらみそ）」の13郷から成っていた。和銅6年（713）、国名が「上毛野国」から「上野国」に変更されたと同じ時期に、郡名も「車」から「群馬」に変更されたと言われる。

　「車」の由来は、上毛野朝臣氏と同租で、雄略天皇に乗輿を供進して姓を賜った「車持公（くるまもちのきみ）」に由来する。つまり、古代の天皇の輿の製作・管理に当たった部に深く関連しているのであって、「馬が群れる」という意味

ではない。

⑤**猿ヶ京**（さるきょう）　上杉謙信による地名伝説が今に伝えられている。
　　　　　　　　越後の上杉謙信が関東攻めのために三国峠を越え、ここ
宮野に陣を張った時、謙信が見た夢の話である。宴の席で膳に向うと箸が
一本しかない。そして、ご馳走を口に入れたとたん、前歯が一気に8本も
抜けてしまった。その夢を家臣に伝えると、それは関八州を一気に手に入
れるということでおめでたい話だと言われた。その日はちょうど「庚申の
日」で、申（サル）にちなんでその地を「申が今日」であったことから「猿
ヶ京」と名づけたというのである。

　これはいつの時期かに誰かが作った話と考えてよい。「サル」は地名的
に言えば「崖」のことで、「京」は文字通り「峡」のことである。

⑥**高崎**（たかさき）　以下の伝承がある。
　　　　　　昔この地は「和田」と呼ばれていた。この和田城の跡に城を
完成させた井伊直政は当地を「松ヶ崎」に改めようとした。ところが、日
頃信頼を置いていた龍門寺の住職白庵に話したところ、諸木には栄枯あり、
世にも盛衰があります。それよりも「成功高大」の意味をとって「高崎」
にしたらどうかと意見を述べ、直政はただちに「高崎」と命名した。

　また一方では、城地を定めるのに鷹を飛ばせて決めたところから「高崎」
にしたという説もある。あるいは単純に、台地が先に延びているといった
地形説が正しいのかもしれない。

⑦**月夜野**（つきよの）　平成の大合併はこんなにロマンあふれる町名をも消滅させ
　　　　　　　　てしまった。「月夜野町」は昭和30年（1955）、それまであ
った「古馬牧村」と「桃野村」が合併されて成立した。平安時代の歌人
源　順（みなもとのしたごう）がこの地を訪れ、三峰山から昇る月を見て「よき月よのかな」と
歌を詠んだと伝えられ、それが「月夜野」の地名の由来だという。伝承な
ので確たることが言えないものの、それだけの美しい風景にちなんでつけ
られたことは疑いがない。

　平成17年（2005）に「月夜野町」「水上町」「新治村」が合併して「み
なかみ町」となり、昔からあった「水上」（みなかみ）という地名の由来もわからなく

なってしまった。「水上」は文字通り利根川の水源を意味するものだが、「みなかみ」という平仮名では何も解読できない。

⑧前橋（まえばし）　言わずと知れた群馬県の県庁所在地だが、「前橋」は「前にある橋」という意味ではなく、古くは戦国期から「厩橋」（うまやばし）であった。「厩」は馬を飼っておく小屋のことだが、宿駅の意味もある。長尾景虎（上杉謙信）が永禄3年（1560）に関東へ進出し、翌年小田原を攻めたが、その際に「厩橋衆」としてこの辺の武士が加わったことが記録に残されている。

「厩橋」が「前橋」に変わったのは江戸期の慶安年間（1648～52）のことだと言われる。「厩」という言葉を嫌ってのことだろう。

難読地名の由来

a.「本動堂」（藤岡市）**b.**「尻高」（吾妻郡高山村）**c.**「南蛇井」（富岡市）**d.**「老神」（沼田市）**e.**「湯檜曽」（利根郡みなかみ町）**f.**「六合村」（吾妻郡中之条町）**g.**「神流」（多野郡神流町）**h.**「乙父・乙母」（多野郡上野村）**i.**「八ッ場」（吾妻郡長野原町）**j.**「鶉」（邑楽郡邑楽町）

【正解】
a.「もとゆるぎどう」（旱魃の時雨乞いをしたらお堂が移って雨が降ったという。お堂のもとの地を本動堂としたと伝える）**b.**「しったか」（地形の端（尻）が高くなっていることによるか）**c.**「なんじゃい」（アイヌ語の「ナサイ」に由来し、「川の幅が広い所」を意味するという）**d.**「おいがみ」（日光男体山神との戦いで赤城山神が敗れ、刺さった矢を地面に刺したところ湯が湧き出て傷を癒し、その後男体山神を追ったところから「追神」と呼ばれ、さらに年老いたので「老神」となったという伝承がある）**e.**「ゆびそ」（「湯の潜む」の意味の「ユノヒソ」からの転訛だといわれる）**f.**「くにむら」（明治22年、それまであった6つの村を合併してできたことによる。「六合」は古来「国」（くに）と読んできたという事実もある）**g.**「かんな」（渡来人系の「唐（カラ）」の転訛したものという）**h.**「おっち・おとも」（乙母神社もあり、何らかの信仰（神）によるものか）**i.**「やんば」（ダム建設で話題になったところで、由来には狩猟に因む「矢場」の転訛説、

地形による「谷場」の転訛説などがあるが、「簗場」の転訛したものであろう）**j.**「うずら」（全国各地にある地名で、キジ科の鳥の生息地と考えられる）

商店街

中央通り商店街（前橋市）

群馬県の商店街の概観

　群馬県を地図で見ると、空に舞う「つる」の形に似ている。1947年に、県内の子どもに群馬県の地理、歴史などを教えるためにつくられた「上毛かるた」にも、「鶴舞う形の群馬県」とうたわれている。かつては上野国（こうずけのくに）と呼ばれた群馬県は、利根川の上流域、源流部に属している。県内は、高崎市を含む利根川から西の西毛、前橋市を含む利根川から東の東毛、渋川市、沼田市を含む榛名山・赤城山以北の北毛の3つに地域区分することができる。

　都市の分布を見ると、県南部を東西に通るJR両毛線沿線と東武伊勢崎線沿線に、人口上位5都市（高崎市、前橋市、太田市、伊勢崎市、桐生市）が位置している。1920年に市制を敷いていたのは前橋と高崎のみであった。その後、1941年に織物で発展した桐生と伊勢崎が、戦後の1948年には航空機産業（後の自動車産業）で発展した太田が市となった。県内の事業所数を都市別に比較すると、2014年の小売商店数では高崎市が県全体の17.7％を占め、以下、前橋市（17.0％）、伊勢崎市（9.6％）、太田市（9.3％）の順となっている。年間商品販売額では、高崎市が21.9％を占め、以下、前橋市（18.5％）、太田市（11.4％）、伊勢崎市（10.0％）の順となっている。このことからも、前橋市と高崎市の2強ライバル都市の争いが商業面でもはっきりと現れている。

　商店街は前橋市と高崎市の中心市街地に多い。前橋市では中心市街地の9つの商店街に「Qのまち」という愛称が付けられている。高崎市ではJR高崎駅西口に23の商店街が形成されている。両都市は直線距離で約10kmと近いため、中心市街地の商圏が重なっている。近年、けやきウォーク前橋、クロスガーデン前橋、イオン高崎などの大型商業施設が中心部からやや離れた地域に分散立地しているため、買い物客が大型商業施設に流れ、

　【注】この項目の内容は出典刊行時（2019年）のものです

中心商店街は苦戦を強いられている。中心商店街のみならず、中心市街地に立地している百貨店もかつての勢いはなく、現在では、前橋市ではスズラン1店舗のみ、高崎市では高島屋とスズランの2店舗のみとなっている。

　前橋・高崎以外の都市では、桐生、太田、伊勢崎に比較的大きな商店街が存在し、1990年頃まで賑わいを見せていたが、現在では空き店舗が目立つ寂しい状況となっている。一方で、観光地にある商店街では、町の活性化対策の一環として、様々な取組みが行われている。世界遺産に認定された富岡製糸場のある富岡市では、製糸場見学に訪れる観光客を対象として商店街の活性化を図り、北毛地域の草津町や渋川市伊香保では情緒ある温泉街の商店街が土産物店を中心に賑わいを見せている。

　前橋市や高崎市の中心部にある商店街が一体となって、大型商業施設に対抗できる実現可能な具体策を示す時期に来ている。群馬県や前橋市、高崎市でも中心市街地活性化計画に積極的に取り組んではいるが、中心商店街の再生にはつながっていない。近年、前橋市の中心商店街では、空き店舗を利用した学生用シェアハウスを整備している。若者をターゲットにした中心部への居住促進策は一定の効果は見られるが、高齢者や交通弱者など、徒歩で買い物をする人への対策も必要である。多様な人が集うことができる魅力ある中心商店街へとどのように再生していくか、今後の大きな課題である。

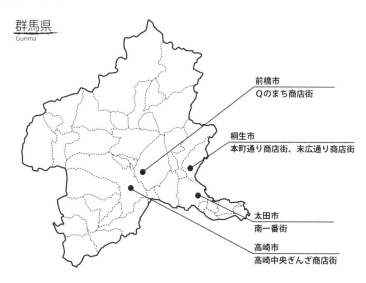

群馬県
Gunma

前橋市
Qのまち商店街

桐生市
本町通り商店街、末広通り商店街

太田市
南一番街

高崎市
高崎中央ぎんざ商店街

Q のまち商店街（前橋市）
―9つの商店街で構成される、県都の中心商店街―

　JR 両毛線前橋駅から北へ約1.5km、運賃100円のバスに乗り、約10分で「Q のひろば前」に到着する。中心商業地域であるがシャッターが閉まっている店も見受けられ、寂しい雰囲気が漂っている。前橋市の中心商業地域は、北は広瀬川、南は国道50号線の本町通り、西は国道17号線、東は上毛電鉄中央前橋駅がある八展通りに囲まれた千代田町界隈にコンパクトに集中している。

　メイン通りの中央通り商店街をはじめとして、弁天通り、堅町通り、立川町大通り、オリオン通り、千代田通り、銀座通り1丁目、銀座通り2丁目、馬場川通りの9つの商店街がある。そのため、数字の9と、アルファベットの Q をかけて、前橋の中心商店街を「Q のまち」と呼んでいる。このなかで一番大きな商店街は、全長320m のアーケードがある中央通り商店街（愛称：ローズアベニュー）である。前橋を代表するメインストリートで、老舗の店舗が軒を連ね、市内唯一の百貨店「スズラン」も店を構えている。このスズランは1952年に開業した衣料品店からスタートし、1962年に百貨店を開設した。中央通り商店街の北側には、立川町通りをはさんで弁天通り商店街がある。昭和の風情を残したレトロな商店街で、金物、手芸、洋品、日用雑貨、洋傘などの個人商店が大半を占めている。商店街各店の建物や看板からも半世紀以上は経っていると思われるレトロな風情が漂っていて、映画のロケ地としても使われている。商店街全体に古さが感じられ、買い物客は中・高年層が大半を占めている。

　かつては前橋一の商業中心地で賑わっていたが、JR 前橋駅からも少し離れていること、自家用車の普及や郊外型ショッピングモールなどの進出に伴い、1980年代以降、前橋西武（2006年閉店）や前三（1985年閉店）、丸井前橋店（1986年閉店）など、前橋市中心部から百貨店が相次いで撤退していった。2007年には、JR 前橋駅南口から約500m のダイハツ車体の工場跡に「けやきウォーク前橋」が開業した。ここは、敷地面積約10万 m² の敷地に3,000台以上の駐車施設を持ち、核店舗となる「アピタ」と150の専門店やシネマコンプレックス（映画館）を有する巨大商業施設である。この開業に伴い、前橋の中心商業地域の衰退にいっそうの拍車がか

かる結果となった。

　そこで前橋市では「まちなか」にある空きビルを活用し、居住施設とオープンスペース、ショップを併設したシェアハウスを弁天商店街周辺に誘致して、若い人に住んでもらおうと考えている。何よりも若い人たちを中心商店街に向かわせる努力をしていくことが、中心市街地活性化の第一歩であると考えている。今後の前橋の中心商店街の変貌ぶりに注目していきたい。

高崎中央ぎんざ商店街（高崎市）
―昭和レトロの雰囲気満載のディープ感漂うアーケード商店街―

　高崎市内には23の商店街が形成されている。JR高崎駅西口から東西、南北方向に伸びる街路に沿うように商店街が発展している。現在の高崎市内の各商店街は、高崎や前橋の郊外型大型ショッピングセンター（イオン高崎、けやきウォーク前橋、クロスガーデン前橋）の進出に伴い、苦戦を強いられている。中心市街地の百貨店も、現在では駅前の高島屋高崎店と中心部にあるスズラン高崎店の2店舗のみという状況である。

　JR高崎駅から北西へ約1kmのところにある高崎中央ぎんざ商店街は、全長約400mの全蓋式アーケードを備えた高崎一の商店街として昭和の時代には大変賑わってきた。しかし、現在では、寂しい雰囲気が漂い、商店の半分はシャッター通り化している。商店街のなかは昼間でも薄暗いが、アーケード内には「元気です！中央ぎんざ」の大きな垂れ幕が20mごとにかかっていて、アンバランスな印象を受ける。

　商店街のなかには八百屋、果物屋、大衆食堂などの個人商店が、今なおがんばって営業をしている。かつては商店街の中ほどにオリオン座という映画館もあったが、2003年に閉館した。商店街の八百屋のご主人に聞いてみると、30年くらい前までは買い物客で賑わっていたそうである。客足が途絶えた理由として、イオン高崎などの郊外型大型ショッピングセンターの影響も大きいが、

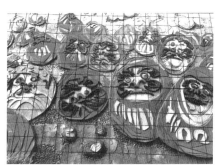

JR高崎駅前にある高崎名物「だるま」のモニュメント

何より一番の理由は、高崎市役所の新庁舎への移転（1998年）が大きかったそうである。昔は市役所職員が勤務を終えて、中央ぎんざ商店街で買い物をしたり、昼休みに食事をしたりして、たいそう賑わっていたとのこと。現在は、スナックやバーが増えてきて、昼の商店街の顔よりも、夜の歓楽街のイメージが先行している。かつては、映画のロケ地にも使われ、高崎を代表する賑わいのある商店街であった。もう一度、買い物客で賑わっていた頃の商店街に戻れないのだろうか。これだけ昭和レトロ感満載の商店街は珍しい。

本町通り商店街、末広通り商店街（桐生市）
—「織都」の歴史遺産が今に残る商店街—

　江戸時代には「西の西陣、東の桐生」と言われたほど織物産地として発展した桐生は、高崎、前橋、太田、伊勢崎に次ぐ県下第5位の人口（約12万人）の都市である。日本を代表する絹織物の産地として有名であるが、桐生は製糸から縫製まで繊維に関するあらゆる技術が集積していることから「織都」と呼ばれている。群馬大学理工学部（旧桐生高等染織学校、桐生高等工業学校）もこの地にキャンパスが置かれ、産学一体となった連携が行われている。

　桐生の中心商店街は、JR桐生駅前の末広通り商店街と、末広通りと本町通りが交差する本町5丁目から桐生天満宮に至る約1.5kmの本町通り商店街の2つである。桐生駅北口前から、末広通り商店街が約500mにわたって続いている。片側アーケードの2〜3階建ての鉄筋コンクリート造の商店が立ち並んでいるが、1950〜60年代にかけて建てられた建造物がかなり残っている。本町5丁目付近には、群馬銀行や足利銀行、横浜銀行など金融機関が集中しており、ここからJR両毛線の高架をくぐって南西方向に本町6丁目商店街（本六商店街）、錦町商店街が伸びている。このあたりはカラー舗装、植栽などが整備され、景観の美しい街並みになっている。ほとんどは個人経営の商店で、うなぎ屋、石材店、ギャラリー、呉服店、カフェ、時計店と多種多様な店舗構成である。

　本町5丁目から北東方向へ桐生天満宮に至る本町通りには、「織都桐生」の往時の繁栄ぶりをうかがえるような歴史的な建造物を見ることができる。本町5丁目にある金善ビルは、金善織物会社が大正時代の1921年頃に建てた、鉄筋コンクリート造の堂々とした建物で、国登録有形文化財に指定されている。本町2丁目には有鄰館という古い民家を改築した休憩施設もあ

り、店内には、60年前の桐生の古い街並みや人々の生活ぶりを集めた写真も展示されている。

現在の本町3丁目付近は、以前は「桐座通り」と呼ばれていた。通りができたのは明治中頃で、行止りの道の突当りに「桐座」と呼ばれた桐生最初の常設芝居小屋があったことからこの名が付けられたということが看板に記されている。大正時代には映画館もでき、戦前から戦後にかけて織物産業で栄えた地元商人のための遊興施設や料亭が数多くあったそうである。桐生市内にはかつて北関東で最も賑わっていた「織都桐生」の風情ある古い街並みが至る所に残っている。日本遺産に認定された建物が多く、そのほとんどは現役で織物工場や記念館として使われている。

南一番街（太田市）

一富士重工（SUBARU）の企業城下町として発展してきた商店街―

太田市は人口約22万人、人口規模は高崎、前橋に次ぎ、東毛地域の中核都市（特例市）である。江戸時代には大光院の門前町、日光例幣使街道の宿場町として発達し、大正時代以降は、富士重工（現・SUBARU）の前身である中島飛行機の企業城下町として発展してきた。

東武伊勢崎線太田駅北口は、SUBARU本社、工場を中心に旧街道筋に商店街が発展してきたが、イオンモール太田などの郊外型大型ショッピングセンターの開店とともに、中心市街地の空洞化が進み、ほとんどがシャッター通り化している。駅南口の「南一番街」は、1970年に地元の商店主などが土地を買収して誕生した商店街で、駅北口の本町商店街にあった系列のすみや百貨店とともに、南一番街には結婚式場も併設した地元資本のダイキン百貨店も開設された。しかし、1977年にスーパーマーケットの「ユニー」を核としたショッピングセンター「ベルタウン」ができると、客の流れが変わってしまい、ダイキン百貨店や周辺部にあった映画館やボウリング場も相次いで撤退し、商店街のシャッター通り化に拍車がかかった。

1980年代後半以降、買い物中心の商店街の性格が弱まり、反対に、地元の工場労働者や外国人労働者相手のバー、クラブ、スナックや飲み屋などが急速に増え、歓楽街としてのイメージが高まっていった。

駅前歓楽街太田のイメージを払拭し、新しい商店街をつくっていこうとする試みも始められている。桐生市にキャンパスがある群馬大学工学部生産システム工学科を太田市中心部に移し、太田市や太田商工会議所とともに、商店街活性化に向けての連携した取組みが計画されている。

花風景

尾瀬ヶ原のミズバショウ

地域の特色

　三方を山岳で囲まれた内陸県で、東日本火山帯の旧那須火山帯の南端部に属し、草津白根山、浅間山、至仏山などの著名な火山や、草津、四万、伊香保など名だたる温泉地が多い。赤城山、榛名山、妙義山の上毛三山は古来の名所である。至仏山東の県境には高層湿原の尾瀬が広がるなど豊かな自然に恵まれ、国立公園が３カ所と多い。古くは江戸と日本海側を結ぶ中山道が通り、上野の国（上州）として発展した。太平洋側の暖温帯と日本海側の冷温帯に分かれる複雑な気候を示す。

　花風景は、近世から著名な山地のサクラ名所、近世の物語にちなむ花木、近代の梅林、観光地の花園、里地里山の山野草や花木、国立公園の湿原植物や草原植物、高原の花木など多彩である。

　県花はツツジ科ツツジ属のレンゲツツジ（蓮華躑躅）で、春から初夏にかけて湯の丸高原などの高原や上毛三山などの群生地に橙色の花を一面に咲かせる。名前はつぼみがハスの花のような蓮華の形に似ていることにちなむ。庭木にも用いられているが有毒なため、牛馬は本能的に食することはなく、群馬県の高原の牧場にはレンゲツツジの群生地が残っている。

主な花風景

赤城南面千本桜のサクラ　＊春、日本さくら名所100選

　前橋市の赤城山の南面、約２キロの市道の両側に約1,000本のソメイヨシノが植えられ、サクラのトンネルとなる。山麓側の標高が430メートル、山頂側の標高が550メートルと、120メートルの標高差があるため、サクラは時期をずらして開花し、10日間ほど楽しむことができる。1956（昭和31）年から３年間にわたって、ここをサクラの名所にしようとの当時の村会議員の呼び掛けに応じて、青年団や地域の役員たちが一丸となって植樹

　凡例　＊：観賞最適季節、国立・国定公園、国指定の史跡・名勝・天然記念物、日本遺産、世界遺産・ラムサール条約登録湿地、日本さくら名所100選などを示した

が展開された。隣接する「みやぎ千本桜の森」は市民参加によるサクラの名所づくりのため整備されたもので、37種、約500本のサクラが植えられ、時期を違えて満開を迎える。サクラの手入れや施肥作業などは、みやぎ千本桜の森公園愛護会により実施されている。「千本桜まつり」は、三度の週末にまたがって開催され、毎年、10万人以上が訪れる。

桜山公園のフユザクラ　　＊冬、名勝および天然記念物、日本さくら名所100選

　桜山は、藤岡市にある標高591メートルの山で、山頂は県立森林公園15ヘクタールと藤岡市の公園32ヘクタール、合わせて47ヘクタールの桜山公園として整備されている。1908（明治41）年に日露戦争の勝利を記念して村民の協力によりフユザクラ1,000本を植栽したのが始まりで、37（昭和12）年に国の名勝・天然記念物に指定された。11月から12月にかけ、7,000本のフユザクラが咲く。その間は園内のライトアップも行われる。毎年12月1日には、桜山まつりが開催される。二度咲きのフユザクラは春にも花をつける。

箕郷梅林、榛名梅林、秋間梅林のウメ　　＊冬

　高崎市の箕郷・榛名地区は全国有数の梅の生産地で、安中市の秋間地区と合わせ群馬の三大梅林である。ウメ栽培は明治期に始まり、地域の伝統産業となっており、生産量は和歌山県に次ぐ全国第2位である。箕郷梅林は、榛名山の南麓、標高140メートルから390メートルの丘陵に広がり、10万本のウメが植えられている。中には樹齢100年以上の古木もあり、ウメ栽培の歴史の古さを物語っている。榛名梅林は、高崎市榛名町上里見町にあり、約7万本のウメが植えられている。秋間梅林は、秋間川上流の丘陵地に広がり、約3.5万本のウメが植えられている。

館林市つつじが岡公園のツツジ　　＊春、名勝

　館林市の中心部に位置するつつじが岡公園は、県管理の城沼を合わせ総面積39ヘクタールの公園で、その中に、約100品種、約1万株のツツジが植栽されている。地元の人々が「花山」と呼ぶ丘の部分（約1.7ヘクタール）のツツジは、種類が豊富なことに加え、その多くは見上げるような古木巨樹になっており、1934（昭和9）年に、「躑躅ヶ岡」の名で国の名勝に指定

された。この辺りは、古代より野生のヤマツツジが群生する地で、室町時代の書物（1556年頃）には「躑躅ヶ崎」の名で記されていた。つつじが岡の起源は、1605（慶長10）年に第7代城主榊原康政の側室お辻が城沼に身を投げ、その霊を慰めるために「お辻」と「つつじ」の音が似ていることから、里人がツツジを植えたのがきっかけと伝わる。1627（寛永4）年、榊原忠次は、新田義貞が妻、勾当之内侍のために植えたと伝えられるツツジ数百株を領内の旧新田郡尾島町花見塚（現在の太田市）から移植した。このツツジは「勾当之内侍遺愛のつつじ」と呼ばれ、現在樹齢約800年の日本一の巨樹群となっている。寛文年間（1661〜72年）には、後に五代将軍となる、城主徳川綱吉が、日光の山より数十株を移植した。明治維新後、つつじが岡公園は一時民間に払い下げられ荒廃したが、その後、復興が図られた。1915（大正4）年に、地元有志が寄付したツツジの苗1,200株は、江戸キリシマツツジの主要品種が多く含まれ、これらは今では貴重な品種となっている。館林市出身の宇宙飛行士向井千秋がシャトルに搭載したツツジが、「宇宙ツツジ」として生育されている。毎年4月上旬から5月上旬にかけて、「つつじまつり」が開催され、約10万人の利用者がある。

カネコ種苗ぐんまフラワーパークのチューリップ　＊春

　前橋市の赤城山の裾野に広がる県立植物園で、ネーミングライツにより2018（平成30）年から現在の名前になった。総面積18.4ヘクタールあり、春は、約6,000平方メートルあるフラトピア大花壇に20万球のチューリップを咲かせる。その他、ばら園、日本庭園、あじさい園、ハーブ約180種を楽しめる香りの散歩道なども整備されている。年7回の花まつりがあり、5棟の温室で、年間を通じて花が咲いている。

木馬瀬のフクジュソウ　＊冬

　安中市松井田町木馬瀬地区を流れる増田川左岸の河岸段丘上、約1,500平方メートルの小山一面に、フクジュソウの自生地がある。古来よりあるものと伝えられており、「幕末、小栗上野介（小栗忠順）が、勘定奉行を罷免され、領地の権田村（現高崎市倉渕町権田）へ向かう途中、木馬瀬に幕府の軍用金を埋めた。この黄金が日の目を見ることなく地中に埋もれていることを悲しみ、地上に萌え出して黄金色の花を咲かせている」という

伝説が残されている。2月の最終日曜日には「福寿草まつり」が開催される。

ろうばいの郷のロウバイ　＊冬

　安中市松井田町にあるろうばいの郷では、3.2ヘクタールの敷地に1,200株のロウバイが植えられている。園内のロウバイの多くはマンゲツロウバイで、花の中心に紫褐色の輪が入り、これが「満月」の名の由来となっている。花弁全体が同色で黄色いソシンロウバイも植えられている。安中市の農事組合法人が遊休農地を活用し、管理運営している。

たんばらラベンダーパークのラベンダー　＊夏

　たんばらラベンダーパークは、玉原高原スキー場にあるフラワーパークで、約5万株のラベンダーが楽しめる。夏シーズンの誘客対策として1989（平成元）年から試験栽培を始め、93（同5）年にラベンダーの園地化を開始し、95（同7）年にラベンダーパークをオープンした。7月中旬から8月中旬にかけて、早咲き、中咲き、遅咲きのラベンダーの見頃が1カ月続く。ヤナギランやニッコウキスゲも咲く。夏山リフトも運行しており、リフトを降りると目の前にラベンダー畑が広がる。ラベンダー畑の頂上部には木製の展望台があり、そこから紫の絨毯を一望できる。

行幸田そば畑のソバ　＊秋

　榛名山の東麓から赤城山を望む渋川市行幸田南原（豊秋地区）の高台に、約10ヘクタールのソバ畑が広がる。9月には見渡す限りソバの白い花が咲き、眼下には渋川市と前橋市の市街地を見下ろす絶景が楽しめる。ここで育っているのは、赤城山を代表するブランドのソバ「豊秋そば」で、霧が出やすく水はけの良い土地柄のため、香り豊かなソバが育つ。毎年9月の下旬、ソバの白い花が満開になる頃に「行幸田そば祭り」が行われ、特設会場で「みゆきだそば工房」のそばが無料で振る舞われる。この地域では昭和30年代頃までソバが栽培され、地域の旧名称に由来する豊秋ソバとして生産が盛んであったが、昭和40年代以降、養蚕の発展に伴いソバ栽培は減少、その後養蚕も衰退したため、桑園の遊休地化が目立ち始めた。地域の農地利用に問題意識を持っていた農業者が中心となり1998（平成10）年、将来の地域農業ビジョンとして「ソバの生産振興で地域を活性化する」

と目標が定められ、栽培試験を実施し、消費者交流会に試食提供したところ、高い評価を得たことから、毎年営農努力と工夫を重ね、栽培面積を増やし、現在遊休農地はほとんどないまでになった。

尾瀬ヶ原のミズバショウとニッコウキスゲ

*夏、日光国立公園、
特別天然記念物、
ラムサール条約湿地

　福島県、群馬県、新潟県にまたがる尾瀬ヶ原は、標高約1,400メートル、面積約760ヘクタールの本州最大の高層湿原で、約1万年前に燧ヶ岳の噴火で生まれた。湿原の中に木道が整備されており、多彩な湿地性の植物を見ることができる。特に有名なのは、5月中旬頃のミズバショウと7月中旬頃のニッコウキスゲである。ミズバショウは、葉の形が芭蕉（バナナの木の類）に似ていて水辺に生えることから「水芭蕉」という名がついた。白いのは花ではなく仏炎苞（棒状の花を包み込む苞を仏像の背景にある炎形の飾りに見立てたもの）で、本当の花は中心部の黄色いところについている。戦後ラジオで大ヒットした歌唱曲『夏の思い出』（江間章子作詞、中田喜直作曲）に「みず芭蕉の花が咲いている　夢見て咲いている　水のほとり」と歌われ、広く知られることとなった。ニッコウキスゲは、直径7センチほどの花がラッパ状に開き、朝開いて夕方にはしぼむ一日花である。本州では高原の草原に普通に見られるが、尾瀬ヶ原の大群落は特に壮観である。

湯の丸高原のレンゲツツジ

*夏、上信越高原国立公園、
特別天然記念物

　湯の丸高原は、浅間連峰の西側の群馬県と長野県の県境に位置し、丸く穏やかな表情の峰々が連なる高原で、亜高山帯の気候がおりなす一帯は「花高原」として親しまれている。特に、湯の丸山の東南斜面、通称コンコン平（つつじ平）と呼ばれる辺りには、群馬県の花である約60万株のレンゲツツジの大群落があり、国の特別天然記念物にも指定されている。毎年6月中旬～下旬に長野県東御市と合同で「湯の丸高原つつじ祭り」が開催される。

公園 / 庭園

国立公園尾瀬ヶ原・至仏山

地域の特色

　群馬県は、三方を山岳で囲まれた標高500m以上の土地が大半を占める関東内陸の県である。坂東太郎と異名をもつ関東の大河川利根川が県北部を水源として、県を縦断して南部の平野から、東方の太平洋へと抜ける。東日本火山帯の旧那須火山帯の南端部に属し、著名な火山や温泉地が多い。東部の栃木県境には北関東最高峰の日光白根山がそびえ、その溶岩が堰止湖の菅沼・丸沼を形成している。北部と西部には旧那須火山帯と三国山脈が連なる。火山は北に至仏山、武尊山があり、至仏山東の新潟・福島県の県境には高層湿原の尾瀬が広がる。長野県境には活火山の草津白根山、浅間山がそびえている。西の新潟県との県境をなす三国山脈は谷川岳など2,000m級の高峰が続き、日本海側と太平洋側の分水嶺となっている。

　南の平野に位置する高崎は、古くは中山道が通り、今も上越・北陸新幹線が通るように、東京と日本海側を結ぶ交通の要衝であった。中山道の現群馬県の上野の国（上州）と現長野県の信濃の国（信州）の国境には標高差約800mの難所碓氷峠があった。交通の要衝であったことから、温泉地は古くから開け、草津、四万、伊香保、水上など名だたる所が多い。伊香保は明治時代の文豪が多く訪れた場所であり、その一人徳冨蘆花は小説『不如帰』でここを舞台にしている。

　群馬県は戦前には養蚕業・製糸業が盛んで、1872（明治5）年にフランス人指導のもとに操業した官営富岡製糸場は2014（平成26）年に世界文化遺産「富岡製糸場と絹産業遺産群」となった。「上州名物のかかあ天下と空っ風」という言葉は有名である。

　群馬県はわが国の平均的な面積の県であるが、優れた自然から国立公園が3カ所と多く、国定公園が1カ所である。県立自然公園はなく、上毛三山が営造物の県立公園となっている。歴史的な都市公園や近世の陣屋庭園などが特徴的である。

主な公園・庭園

⽬ 尾瀬国立公園尾瀬ヶ原

*ラムサール条約湿地、特別天然記念物、日本百名山

尾瀬は本州最大の高層湿原尾瀬ヶ原、只見川源流部の尾瀬沼、秀麗な山容を見せる燧ヶ岳と至仏山から成りたっている。尾瀬は約1万年前に燧ヶ岳の噴火で生まれた湿地であり、厚い泥炭層を形成している。なお、尾瀬は福島県、群馬県、新潟県に属している。メインルートは群馬県の三平峠から尾瀬沼、あるいは、鳩待峠から尾瀬ヶ原で、尾瀬沼と尾瀬ヶ原の探勝は山小屋に泊まることとなる。尾瀬ヶ原は標高約1,400m、面積約760haの広大な湿原で、登山者は木道（ボードトレイル）のみを歩くことができる。ヒメシャクナゲ、ナガバノモウセンゴケなどが生育し、別世界の風景をつくりだしている。至仏山も希少植物が多い。

尾瀬は戦後ラジオから流れる歌唱曲「夏の思い出」（江間章子作詞・中田喜直作曲）で瞬く間に大衆の間に広まった。「夏がくれば思い出す はるかな尾瀬遠い空」で始まる歌は人々の耳と心に焼きついている。見たこともないミズバショウの花も名前だけは知っていた。尾瀬が最初に広く知られるのは、1906（明治39）年に植物学者武田久吉が雑誌『山岳』創刊号に「尾瀬紀行」を発表してからである。さらに翌07（明治40）年の教育者中村春二の紀行文『旅ころも』も影響があった。武田は05（明治38）年に早田文蔵らと尾瀬を調査していた。武田はイギリスの外交官アーネスト・サトウの次男であり、尾瀬調査直後、小島烏水らと日本山岳会を結成する。後に東京帝国大学教授となる早田は03（明治36）年に『植物学雑誌』に尾瀬の植物調査結果を発表し、風景を讃美している。中村は成蹊学園創設者として、また、植物学者牧野富太郎の支援者として知られる人物である。

至宝といえる尾瀬も、幾度か開発の危機に直面していた。尾瀬は日光国立公園の一部として1934（昭和9）年に国立公園になったが、当初から水力発電のためのダム建設の計画があり、水没問題を抱えていた。首都圏の電力不足は逼迫していた。さらに、高度経済成長期には尾瀬に到達する山岳観光道路も建設計画が決まり、着工寸前となっていた。山小屋の排水による湿地の富栄養化、登山者の過剰利用の踏み荒らしによる植生破壊などもあった。しかし、自然保護運動、世論、環境庁（現環境省）発足、保護財

団設立などで守られていく。当然、国立公園化も功を奏していた。

⊜ 上信越高原国立公園浅間山・草津白根山

*特別天然記念物、天然記念物、日本百名山

浅間山 (2,568m) は上信越国立公園の最高峰であり、長野県にまたがる成層火山で、カルデラを形成し、外輪山も有している。活発な火山ではあるが、シラビソやカラマツの亜寒帯の自然林を見ることができる。噴火の歴史は数多く、特に1783 (天明3) 年の天明噴火では、山麓への火砕流、噴出物の土石流・泥流が現嬬恋村の一部を壊滅し、河道閉塞による大洪水が広域にわたって甚大な被害をもたらした。最後に溶岩が流れだし、鬼押出しの特異地形をつくった。火山は災害をもたらすと同時に、富士山や桜島と同じように、印象的な風景を生みだし、地域の勇壮な原風景として誇りや芸術の源泉にもなっている。浅間山もまた島崎藤村や北原白秋が歌に詠んでいる。草津白根山は白根山・本白根山・逢ノ峰の総称で、白根山には湯釜と称する青緑色の神秘的な火口湖があり、本白根山にも同じく鏡池・弓池の火口湖がある。もっとも、白根山は1985 (昭和60) 年頃にいち早くコンクリートの避難壕を建設したが、2016 (平成28) 年現在、火山噴火警戒レベル引上げのため立入り禁止となっている。

⊜ 上信越高原国立公園アプトの道　*重要文化財

アプトの道は安中市に所在する。1893 (明治26) 年に開通した信越本線の横川、軽井沢間の廃線敷を利用して整備された。横川駅を起点に旧熊野平駅で折り返す往復約13kmの遊歩道である。信越本線は碓氷峠を越える急勾配を走るためにアプト式が用いられ、当時の輸出品であった生糸や繭を運搬した。わずかな区間に橋梁が5カ所、隧道 (トンネル) が10カ所あることからも厳しい地形につくられた鉄道だったことがわかる。橋梁、隧道と丸山変電所の建物はまとめて「碓氷峠鉄道施設」という名称で1993 (平成5) 年に国の重要文化財に指定された。最大の構造物である第三橋梁は高さ31mあるレンガ造の巨大な四連のアーチで通称「めがね橋」と呼ばれている。隧道のレンガや石からは明治時代の近代化の勢いを感じることができ、橋梁の上からは湖と周囲に広がる紅葉や新緑を楽しむことができる。

🟢 妙義荒船佐久高原国定公園妙義山　＊名勝

　群馬県は江戸時代の上野以前は上毛野と呼び、赤城山・榛名山・妙義山は上毛三山として古くから名所として知られてきた。赤城山は火山で、深い森と湖沼からなり、上毛の象徴として親しまれ、江戸時代の義賊として演劇や映画で人気者となった国定忠治ゆかりの地である。榛名山は整った火山で榛名富士とも呼ばれ、火口湖の榛名湖と一体となって美しい風景を見せている。妙義山も古い火山であるが、浸食によって、石柱の奇峰、奇岩怪石の山となり、寒霞渓・耶馬渓とともに日本三大奇勝と称されている。群馬県はこの3カ所を古くから県有地の営造物の県立公園とし、榛名山・妙義山は都市公園となり、妙義山は国定公園の一部にもなったものである。

🔵 敷島公園　＊日本の都市公園100選

　敷島公園は前橋市の市街地北部に所在する。利根川沿いにある浄水場に隣接し、前橋市が管理するバラ園を中心とする北のエリアと群馬県が管理するサッカー場や陸上競技場などの運動施設がある南のエリアに分かれている。赤城山、榛名山を望む景色の良い場所として知られており、大正時代には小学校の林間学校にも利用されていた。市民からの要望をうけて1922（大正11）年には公園の設置が市議会で決まり、地域の青年団が地ならしをして3,600坪の運動場をつくった。「敷島公園」の名称も市民への懸賞募集によって決定したもので、江戸時代に「敷島河原」と呼ばれたことに由来する。1929（昭和4）年、敷島浄水場の完成に伴って林学博士の本多静六と東京市の公園の専門家である井下清によって公園が設計された。本多は公園からの眺めと水源地として重要な松林を生かして、公園の北に芝生広場と松林の散策地を、南側に運動場やテニスコートを計画した。第二次世界大戦後はバレーボールコートやサッカー・ラクビー場などが次々に建設された。昭和30年代には明治神宮から花菖蒲が贈られ、ばら園が開設されるなど観光地としての整備も進められた。ばら園は全国都市緑化ぐんまフェアの開催にあわせて2008（平成20）年に改修され、春と秋の開花時期は多くの来訪者で賑わう。県の重要文化財に指定された国立原蚕種製造所の本館が蚕糸記念館として公開されているほか、隣接する浄水場の配水塔と前橋市水道資料館（旧浄水構場事務所）は国の有形文化財に登録さ

れている。

郡 つつじが岡公園　＊名勝、日本の歴史公園100選

つつじが岡公園は館林市の中心部に所在する。同じ名前の仙台市の「榴岡公園」は桜の名所だが、館林市の「つつじが岡公園」はツツジの名所として知られている。歴史は古く、1566（永禄9）年の史料に「躑躅カ崎」の言葉がみられ、1627（寛永4）年には榊原忠次がツツジ800株を移植、1721（享保6）年には松平清武が150名余りで花見をしたという記録もある。現在の場所と一致するのは1806（文化3）年に描かれた館林道見取絵図の「躑躅山」という記載でこの頃には名所として知られていたことがわかる。発祥についてはさまざまな言い伝えが残っており、お辻という館林城主の側室が「沼の主」に気に入られてしまい、他の人々を助けるために沼に身を投げ、その供養のためにツツジを植えたという「お辻伝説」が有名である。明治維新後に個人の所有となりツツジの本数が減ってしまったが、1884（明治17）年には邑楽郡の共有地になり公園として再興された。大正時代に群馬県の公園となった後も少しずつ範囲が拡大され、1934（昭和9）年には「躑躅ヶ岡（ツツジ）」として国の名勝に指定された。植物学者の三好学はツツジの株が大きいこと、種類が豊富なこと、対岸から見るツツジの花が新緑と対照し「一段の光彩を放つ」ことなどを記している。昭和50年代には野外ステージ、水生植物園、熱帯温室などが建設されたが、老朽化したため2011（平成23）年からツツジ以外の季節にも楽しむことができるように再整備された。本霧島、飛鳥川など多くの品種が咲き誇り、なかには館林固有のものもある。推定樹齢が800年といわれるツツジの古木は根元から黒々とした太い幹が何本も出て巨大な株となっている。見上げるように背の高い八重山ツツジや館林市出身の宇宙飛行士向井千秋が宇宙に持って行ったツツジの種子を育てた「宇宙つつじ」もある。4月から5月にかけて開催されるつつじまつりは10万人以上の来訪者で賑わう。多くの公園は城や社寺など多様な来歴をもつが、数百年ものあいだツツジを愛でる場所として受け継がれてきたつつじが丘は公園のなかでも稀有な存在といえる。

庭 楽山園　＊国指定名勝

楽山園はJR高崎駅から自動車で30分ほどの、甘楽郡甘楽町大字小幡に

位置している。小幡藩は石高が2万石だったことから、城を構えられなかったために、城主だった織田氏が1642（寛永19）年に陣屋を造営したのが始まりだった。しかし、尊王思想を説く山県大弐の明和事件に関わったとされ、1767（明和4）年に移転させられて、松平氏が引き継いでいる。

　小幡陣屋は簡易な構造だったが、防御のために堀・土塁を備え、内側に藩政を行う役所だった表御殿と、藩主が居住する奥御殿が設けられていた。この陣屋の特色は、楽山園と呼ばれた広大な庭園をもつことだった。楽山園については、織田信雄が茶道家の薮内紹智（剣仲）に命じて、1621（元和7）年に別荘として造営したという説がある。だが、4代目の織田信久は小幡城下町を建設した際に、楽山園の西側を流れる雄川の上流に、堰を築いて用水路を設けているので、この用水路を使って陣屋の建設時に、楽山園の園池をつくった可能性が高いとする説もある。

　楽山園という名称は、「知者は水を楽しみ、仁者は山を楽しむ」という『論語』の一節に基づくという。西側の紅葉山や南方の連石山・熊倉山などの山並を取り込み、園内に1,000㎡（約300坪）もある昆明池を設け、起伏がある築山上には茶屋を建てて、園内を巡って楽しめるようにつくっている。松平氏との引き継ぎ時に作成された「陣屋絵図」には、昆明池西側の築山（月待岡）の上に8畳の「梅ノ御茶屋」、その東側に5角形の待合、雄川対岸の紅葉山を眺める場所に8畳2間と4畳の間をもつ「竹ノ御茶屋」があり、昆明池南東の小園池の背後の築山には、3間四方の「凌雲亭」が描かれている。楽山園の特徴の一つは、このように茶屋が多いことだった。『楽山園由来記』に薮内紹智の作庭と書かれていることからすると、2代目紹智だった真翁（1577～1655）が携わっていた可能性がある。

　2002～11（平成14～23）年度までの整備工事で、小幡藩主が居住した役所を兼ねた御殿は、礎石が1カ所しか検出されなかったために位置を示すだけに終わったが、梅ノ御茶屋と腰掛が再建され、陣屋周囲の石垣と土手や拾九間長屋と中門も復元された。

温　泉

地域の特性

　群馬県は、北関東の北西部を占め、山岳地域が広い県であるが、険しい三国峠を越えて新潟県に入り、日本海と結ぶ交通条件に恵まれている。気候は内陸性で夏は暑く、冬は「赤城おろし」の空っ風が吹き降ろす。県中央部を南北に利根川が流れ、北部は水上温泉郷や尾瀬国立公園と連絡している。榛名山、白根山や妙義山に至る西部には伊香保、四万、草津、万座の著名温泉地や嬬恋村の一大キャベツ生産地域、富岡製糸工場遺跡などがあり、多様な自然や歴史、文化、生活に触れることができる。南東部は桐生、伊勢崎などかつての繊維工場地帯が機械、自動車工業地域へと変わった。県の面積は全国21位、人口は19位で、ほぼ中位にある。

◆旧国名：上野　県花：レンゲツツジ　県鳥：ヤマドリ

温泉地の特色

　県内には宿泊施設のある温泉地が105カ所あり、源泉総数は455カ所、湧出量は毎分5万6,000ℓで全国14位である。42℃以上の高温泉が半数を占め、年間延べ宿泊客数は554万人で全国6位にランクされている。宿泊客数が多い温泉地は、草津の177万人が突出しており、伊香保114万人、水上58万人、万座33万人が続いている。国民保養温泉地は第1号指定の四万をはじめ、鹿沢、上牧・奈女沢、片品、湯宿・川古・法師の5地区が指定されており、49万人の宿泊客を数える。このように、群馬県には観光とともに保養の機能を併せもつ温泉地が多いことも特色である。

主な温泉地

① 草津（くさつ）　177万人、5位
　酸性泉、硫酸塩泉、塩化物泉
　県中西部、草津白根山麓の標高1,200mの高地に、日本最高の温泉地と

評価される草津温泉がある。温泉は自然湧出の酸性泉、硫酸塩泉、塩化物泉であり、湧出量は毎分32,000ℓに及び、自然湧出泉では全国1位である。温泉街の中心にある湯畑の大源泉を囲んで歴史的な共同浴場や旅館、土産品店が並び、その周囲は緑で覆われた森林の中に、ホテルやペンション（洋風民宿）などが点在している。

　伝説によると、奈良時代の高僧行基が布教で来草し、鎌倉時代には源頼朝が鷹狩りで近くに来たともいわれる。また、1491（延徳3）年の万里集九の『梅花無尽蔵』には、「本邦六十余州、毎州有霊湯、其最者下野之草津、津陽之有馬、飛州之湯島（下呂）三処也」と記されており、草津が有馬や下呂とともに高い評価を得ていた。近世期初頭の草津は沼田城主真田氏の支配下にあり、郷侍が温泉の管理をしたが、改易後は幕府直轄領となり、湯本一族が湯守の特権で内湯を引いていた。江戸中期の元禄時代には御座の湯、脚気の湯（足湯）、鷺の湯、綿の湯、滝の湯があり、八代将軍吉宗が温泉を江戸城へ運ばせたといい、湯畑源泉の一角にその記念碑がある。宝暦期に地蔵の湯と熱の湯が加わり、幕末には14カ所の外湯があった。宿の営業は旧暦4月8日〜10月8日の夏半期であり、経営者は冬半期に近隣の農村で生活したが、これが「冬住み」である。1817（文化14）年の「諸国温泉効能鑑」では、草津が最高位の東の大関にランクされていた。

　明治初期に東京帝国大学教授のドイツ人ベルツ博士が『日本鉱泉論』を著し、草津温泉での飲泉、浴泉と気候療法が重要であることを説いた。この頃、越後出身の野島小八郎が、湯治客が湯揉みをした後に47℃ほどの高温泉に3分間浸かる草津独特の「時間湯」を広めた。1887（明治20）年には、入湯客数は2週間以上の長期湯治客が5,000人、延べ7万泊以上を数え、1〜2泊の客も延べ7,000人と記録されていた。その大半は埼玉、群馬の両県をはじめ、関東や信越地方からの客であった。「時間湯」は現在でも地蔵の湯と千代の湯で継承されている。有力旅館を中心に温泉場の改良が進み、軽井沢を結ぶ草津電気鉄道が建設されて湯治客が増加した。また、草津温泉の特異な泉質と効能が伝えられてハンセン病患者が増えるようになり、町当局は湯ノ沢地区をその療養地区とし、御座の湯の共同湯はその役割を果たした。しかし、1941（昭和16）年のハンセン病患者の栗生楽泉園への移転に伴って閉鎖された。

　第2次世界大戦後に観光化が進み、湯畑周辺の旅館は大型の観光旅館に

変わり、湯畑源泉末端の歴史的、文化的価値の高い滝の湯（打たせ湯）は、薬師滝に加えて薬師如来を護る十二神将に因む12本の湯滝が落ちていたが、滝つぼに変えられた。一方、地元識者の中澤兆三の尽力で湯畑に続く滝下通りの「せがい造り」旅館街の歴史的町並みが整備されたことは意義深い。町当局は「大滝の湯」共同浴場を創設し、西の河原には大規模な露天風呂を設置して観光客の人気が高いが、バス終点の草津駅には草津温泉資料館があり、各種展示品の見学は欠かせない。高原部ではリゾート開発が進み、ロープウェイの架設、スキー場整備とともに洋風ホテルやゴルフ場などが開発された。1980年代末のバブル期には、リゾートマンションが林立することになった。この狭い高地の空間に200もの宿泊施設があり、近年の延べ宿泊客数は首都圏を中心に177万人を数え、日帰り客も毎年約100万人に達する。2013（平成25）年、湯畑に隣接した土地に伝統的な「御座之湯」が再建され、一帯は緑地化されて、温泉客の癒しの空間ともなっている。

　草津温泉は湯畑周辺のクラシック草津と高原のリゾート草津がほどよく調和しており、多くの観光客や保養客が優れた温泉資源や四季折々の景観を求めて来訪し、外国人客も多い。温泉地周辺では、草津白根山の火口湖であるコバルトブルーの湯釜が第1級の観光資源であり、春のシャクナゲや秋のナナカマドの紅葉も素晴らしい。8月初旬の温泉祭り、下旬の音楽アカデミーはユニークな行事であり、冬はスキー場が賑わう。さらに、草津は鬼押し出し、軽井沢や万座温泉、渋峠を経て長野県の志賀高原、地獄谷、渋、湯田中などの山之内温泉郷と直結しており、広域観光の拠点性は高い。主な行事として、草津温泉感謝祭（8月1〜2日）、草津夏期国際音楽アカデミー＆フェスティバル（8月中〜下旬）がある。

交通：JR吾妻線長野原草津温泉口駅、バス30分

②伊香保　101万人、12位
　　　　　硫酸塩泉、塩化物泉

　県中央部、上毛三山の一つ榛名山の北東斜面、標高約700ｍに伊香保温泉があり、日本初の計画的温泉地といわれる。現在、年間延べ101万人の宿泊客が来訪する日本有数の観光温泉地である。1576（天正4）年、武功のあった木暮下総守が伊香保支配を命じられ、一族郎党を引き連れて入植して、伊香保神社付近に古くからあった数軒の宿を加えて新しい温泉集落

を形成した。階段街の中央に大堰（湯道）を造り、その両側に各7軒の14大屋（温泉宿経営者）が配置されて、大屋層が伊香保を支配した。大屋は最下流の2軒を除いて年番制で名主を務めたので、それぞれ十二支が決められていた。各大屋には隷属層の門屋が数軒ずつ配置されていた。寅年の名主を務めた金太夫旅館は、現在でも玄関ホールに虎の剥製を飾っており、温泉場中央の石段街の下を流れる大堰を改装した際に、旅館への標識として歩道に虎のレリーフが彫られた。明治初期の火災で大屋は交代し、現在4軒のみが残っているが、その他は外部からの進出者である。そこで、階段街下の新しい旅館は、自ら掘削した温泉を利用している。現在、歴史的な石段街で使用される褐色の硫酸塩泉の湯を「金の湯」とよび、新しい透明なメタけい酸の湯を「銀の湯」として、観光資源の価値を高めている。

　階段街の頂点にある伊香保神社は伝統のある上野国三宮であり、温泉医療の神として知られる。そこから源泉公園への散策道は紅葉が素晴らしく、赤茶けた温泉の露天風呂にも入れる。明治以降、伊香保は外国人の避暑地ともなり、ドイツ人医師のベルツも滞在したが、小説『不如帰』の徳冨蘆花や美人画や抒情詩の竹久夢二などの文化人も数多く来訪した。現在、蘆花文学館、夢二記念館や各種の資料館や博物館が整備され、近くの榛名山や水沢観音を訪ねる観光も盛んである。石段街に接する高台にはロープウェイが架設され、スケート場になっている。石段街には、規模の大きな旅館や土産品店、食堂などの観光施設が集中しており、「石段の湯」共同浴場もある。その傾斜地中央の地下に湯道の大堰が流れており、これを小窓から観察できる。2010（平成22）年には、温泉街末端に続く広い365段の新しい石段街が誕生した。3月3日のひな祭りでは、石段に幼稚園児が着飾って並ぶ人間雛はユニークである。近くの観光ポイントとして榛名湖、水沢観音などがある。

交通：JR上越線渋川駅、バス25分

③水上温泉郷（水上・谷川・湯桧曾・宝川・湯の小屋）

58万人、37位

単純温泉

　県中北部、JR上越線沿いの利根川上流沿岸には、大小の温泉地が多く分布している。渓谷に面して、昭和前期に発展した水上温泉をはじめ、上

流には谷川、湯桧曾、宝川、湯の小屋などの小規模ながら特色のある温泉地が展開しており、温泉郷の年間延べ宿泊客数は58万人に及ぶ。このうち、単純温泉が湧く水上温泉は、以前は湯原温泉とよばれ、明治前期の『日本鉱泉誌』には「川岸平坦ノ地ニメ岩石ノ下ヨリ湧出ス道路便ナレドモ浴客多キニ至ラス」と記されていた。水上温泉が飛躍するのは、1928（昭和3）年の上越線水上駅の開設と3年後の上越線全線開通以後である。これに呼応して奥利根旅館組合が創立され、谷川岳の登山開放、スキー場の開設とともに、旅館が7軒も増え、料理店、土産店も開業し1935（昭和10）年には水上温泉組合と改称した。同時に、伊香保の徳冨蘆花に対抗して、大佛次郎、西條八十、川端康成などの著名人を招いて積極的に宣伝をした。

　第2次世界大戦後、旅館の増改築と新設が相次ぎ、水上温泉郷の収容力は1947（昭和22）年が1,500人であったのが、1974（昭和49）には8,000人に急増した。水上は歓楽色を一層強め、一方、スキー場の開発が進んで谷川、湯桧曾などは保養所と民宿、宝川、湯の小屋では民宿が増えた。利根川源流の宝川に沿って宝川温泉があり、一度に200人が入れるという大露天風呂がある。かつて、宿の主人が熊と入浴していた。秋には紅葉に彩られた川岸に、昼夜を問わず入浴できるいくつもの露天風呂があり、客の満足度は高い。

交通：JR上越線渋川駅、バス30分

④ 万座（まんざ）　33万人、74位
　　　　　硫黄泉

　県中西部、草津白根山の標高約1,800mの高地にある温泉地で、一帯にはツガ、ダケカンバの樹林やクマザサの群落が広がっており、秋にはナナカマドの紅葉が楽しめ、冬はスキー客で賑わう。また、80℃もの高温泉が各所で湧いており、泉質のよさと一帯の自然環境を活かして、湯治客を誘致する滞在プランを実施している旅館もある。万座温泉では、露天風呂で乳白色の温泉に浸かりながら上信越高原国立公園の大自然を満喫することができる。長野県と境する渋峠を越えれば、志賀高原の自然や特色のある温泉地を楽しめる。

交通：JR吾妻線万座鹿沢口駅、バス40分

⑤四万（しま）　国民保養温泉地
　　　　　　　硫酸塩泉

　県中西部、上信越高原国立公園の山岳地域にあり、四万川の渓谷に沿う閑静な環境のもとに、温泉地への入口から温泉口、山口、新湯、ゆずりは、日向見の5つの温泉集落が連続して立地している。40〜80℃の硫酸塩泉が湧き、特に胃腸病に効果があり、飲泉が行われる湯治場として発展した。1954（昭和29）年には酸ヶ湯、日光湯元とともに日本で最初の国民保養温泉地に指定された。地名は四万の病気に効くところから名づけられたという。

　この温泉地は、8世紀末頃に征夷大将軍の坂上田村麻呂が入浴したといわれ、戦国時代の1563（永禄6）年に岩櫃城主に仕えた田村家が湯治宿を開いた。その後、分家が江戸時代の寛永年間（1624〜43）に新湯（荒湯）に進出し、1694（元禄7）年には関家が湯小屋を建て、田村家と関家が四万温泉の指導的役割を果たしてきた。1761（宝暦11）年には、山口と新湯を合わせて約700人を収容する温泉地になり、湯治客数は2,000人を超えたという。明治期には、近隣の養蚕農家の湯治客が多く、大正から昭和初期になると、初夏に北関東の伊勢崎、桐生や秩父などの機業地帯からの湯治客、夏には保養目的の東京下町の商人層が増え、東京の客は半数を占めた。

　第2次世界大戦後、1955（昭和30）年の延べ宿泊客数は25万人を超え、戦前のピークであった1940年の水準に達した。保養温泉地として歓楽施設はなく、1970年代初め頃までは半自炊形態が維持されていた。温泉は質・量ともに優れ、源泉は自然湧出で、平均60℃の塩化物泉、硫酸塩泉が毎分3,400ℓも湧き出ている。現在、宿泊客は約30万人を数え、有力旅館は日帰り客にも露天風呂や室内の浴槽を開放している。環境省は「ふれあい・やすらぎ温泉地」事業で3億5,000万円を投じ、温泉口地区に「四万清流の湯」を新設し、日帰り客は毎年約10万人を数える。とはいえ、四万温泉では飲泉が胃腸病によいといわれ、温泉浴は神経痛、リウマチなどにも効果があり、滞在型保養客を主な客層としている。十数年前から四万温泉は「新湯治場宣言」をし、数泊の滞在による国民の保養、健康に役立つ温泉場として国民保養温泉地事業を積極的に展開してきた。四万には常勤の温泉療法医がいる診療所があり、診察や温泉療養の相談、健康相談もできる。環境保全にも配慮しつつ遊歩道、園地、温泉プール、温泉館、共同浴場、飲

泉場、足湯などを整備し、NPO法人が空き店舗を利用して喫茶店兼土産品店をオープンするとともに、冬期間には低料金プランを設定して滞在客の誘致に努めている。各温泉地区には、国重要文化財の日向見薬師堂、天然記念物四万川甌穴群、登録文化財の積善館の元禄の湯など見所も多く、近くに四万川ダムや奥四万湖もある。都会の若者や中年の女性グループも、四万温泉の情緒や自然環境、温泉のよさなどに魅力を感じて来訪している。

交通：JR吾妻線中之条駅、バス40分

⑥鹿沢（かざわ）　国民保養温泉地
　　　　　　　　　炭酸水素塩泉

　県中西部、嬬恋村の高原の一角にある温泉地で、1968（昭和43）年に国民保養温泉地に指定された。長野県に通じる街道は湯道とよばれて1町ごとに観音像が建てられ、最後の百番は大きな千手観音像が湯治客を迎えてくれる。温泉地には「雪山賛歌」発祥の歴史を感じる宿、広い庭園のある宿、標高1,400mにある休暇村や民宿など9軒の個性的な宿がある。初夏に咲き誇る天然記念物のレンゲツツジの大群落は素晴らしく、秋の紅葉や冬のスキーを楽しみに来訪する客も多い。

交通：JR吾妻線万座鹿沢口駅、バス40分

⑦上牧・奈女沢（かみもく・なめさわ）　国民保養温泉地
　　　　　　　　　　　　　　　　　　　硫酸塩泉、塩化物泉

　県中央部、南北に貫流する利根川沿岸に、みなかみ町上牧温泉があり、近くの奈女沢温泉とともに1979（昭和54）年に国民保養温泉地に指定された。上牧は上越線上牧駅周辺の5軒の旅館からなり、奈女沢は車で10分ほどの一軒宿である。上牧温泉は1926（大正15）年、地元の有力者が温泉掘削に成功し、46℃、毎分140ℓの有力な温泉を得て、翌年に旅館経営を始めた。和風旅館や洋風ホテル、湯治客も利用する宿泊施設があり、温泉は40℃を超える高温の湯が、毎分500ℓほど湧出している。政府登録の有力旅館には、ユニークな「はにわ風呂」があり、浴槽の中央に高い埴輪のモニュメントが立ち、山下清画伯が自ら参加して仕上げた全国唯一の大壁画「大峰沼と谷川岳」がある。源泉を利用した蒸し湯もあり、山下清ギャラリーもあって心身が癒される。隣接地の上牧温泉病院と提携し、健康志向の経営を図っている。奈女沢温泉は山間の静かな環境にある。縄文文化を伝える国指定史跡の矢瀬遺跡があり、竪穴住居址、祭壇などが復元保存

され、縄文晩期の集落を実地に学べる。利根河岸段丘の矢瀬親水公園には高さ13mの展望ローラースライダーや遊具施設が設置されており、初夏のホタル狩り、秋のリンゴ狩りなども楽しめる。

交通：JR上越線上牧駅

⑧ 片品温泉郷 国民保養温泉地
単純温泉

県中北部、利根川の支流である片品川の上流にある片品村の温泉地である。1983（昭和58）年に国民保養温泉地に指定されたが、水芭蕉、ニッコウキスゲの群落で知られる尾瀬ヶ原観光の群馬県側の拠点ともなっていて、旅館をはじめロッジ、民宿などの宿泊施設が、片品地区と戸倉地区に各30軒ほども集まっている。温泉は25〜53℃ほどの単純温泉であり、登山、ハイキング、テニス、スキーなど四季を通じて野外レクリエーション客に利用されている。

交通：JR上越線沼田駅、バス90分

⑨ 湯宿・川古・法師 国民保養温泉地
硫酸塩泉、単純温泉

県中北部、9世紀中葉からの歴史があり、三国街道に沿う宿場町として栄えた湯宿をはじめ、法師や川古の一軒宿が点在していて、1999（平成11）年に国民保養温泉地に指定された。秘湯の趣がある法師は、弘法大師が発見した歴史的な温泉地で、1875（明治8）年に川床から沸く温泉の上に和風の情緒ある浴槽を設けており、国の有形文化財に指定されている。温泉源は43℃の硫酸塩泉と28℃の単純温泉の2種類がある。川古は赤谷川の渓谷沿いにあり、「川古のゆみやげは一つ杖を捨て」と詠われるほどであり、ぬるい湯に長時間入浴するならわしがある。

交通：JR上越新幹線上毛高原駅、バス20分（湯宿）、車30分（川古）、バス20分（法師）

⑩ 猿ヶ京 硫酸塩泉

県中北部、新潟県境に近い山間の温泉地である。以前は湯島、笹の湯とよばれて三国峠の宿場、湯治場として栄えてきたが、1958（昭和33）年にダム建設のために水没することになった。旅館は高台の現在地に移って新築し、温泉名も猿ヶ京に変えた。湯量は多く、スキー民宿へも配湯していて多くの温泉民宿が生まれた。赤谷湖でのボートや釣りが楽しめ、一大観

光温泉地が形成された。

交通：JR上越新幹線上毛高原駅、バス30分

⑪川中（かわなか）　塩化物泉

　県中西部、吾妻川上流近くの雁ヶ沢川沿いに、和歌山県の龍神温泉、島根県の湯ノ川温泉とともに「日本三大美人湯」として知られる一軒宿の川中温泉がある。温泉は約35℃と低温であり加熱利用しているが、風情ある混浴露天風呂、大湯、薬湯のほかに男女別の浴槽がある。肌触りがなめらかで、肌荒れによいといわれていて女性の客も多い。日帰り入浴はない。

交通：JR吾妻線川原湯温泉駅、タクシー15分

⑫川原湯（かわらゆ）　硫化水素泉

　県中西部、吾妻川上流の温泉地であったが、JR吾妻線の改良工事に伴って路線の変更があり、現在は少し下流の河岸段丘上に移転して、共同浴場の大湯も完成し、新たな発展を期している。以前は旧駅から坂道を上って高台の温泉場へ着いたが、特に温泉をかけ合う「湯かけ祭り」のユニークな伝統行事で知られてきた。この行事は新たな温泉地でも継承されている。この工事によって国指定名勝の吾妻渓谷へのアクセスは変わり、これまでのような散策はできないが、深い谷と広葉樹のおりなす四季折々の景観美は以前のままである。

交通：JR吾妻線川原湯温泉駅

⑬磯部（いそべ）　塩化物泉

　県中南部、信越本線磯部駅近くの碓氷川畔に形成された温泉地である。温泉は塩化物泉で、温度は24℃の冷泉を利用している。この温泉の名物は、鉱泉を使った磯部せんべいであり、1873（明治6）年に医師の堀口謙斉が温泉の効用を確かめ、県営衛生局の許可を得て始まったという。また、日本の地図の温泉のマーク（♨）は、1661（寛文元）年の土地の境界訴訟に際しての幕府裁定文の地図に載っており、これをもって日本の温泉記号発祥の地としている。妙義山を眺め、足湯に浸かり、駅前の日帰り入浴温泉施設「恵みの湯」では温泉とともに砂塩風呂も体験できる。

交通：JR信越本線磯部駅

執筆者 / 出典一覧

※参考参照文献は紙面の都合上割愛
しましたので各出典をご覧ください

Ⅰ 歴史の文化編

【遺　跡】　石神裕之　（京都芸術大学歴史遺産学科教授）『47都道府県・遺跡百科』(2018)

【国宝 / 重要文化財】　森本和男　（歴史家）『47都道府県・国宝 / 重要文化財百科』(2018)

【城　郭】　西ヶ谷恭弘　（日本城郭史学会代表）『47都道府県・城郭百科』(2022)

【戦国大名】　森岡浩　（姓氏研究家）『47都道府県・戦国大名百科』(2023)

【名門 / 名家】　森岡浩　（姓氏研究家）『47都道府県・名門 / 名家百科』(2020)

【博物館】　草刈清人　（ミュージアム・フリーター）・可児光生　（美濃加茂市民ミュージアム館長）・坂本昇　（伊丹市昆虫館館長）・髙田浩二　（元海の中道海洋生態科学館館長）『47都道府県・博物館百科』(2022)

【名　字】　森岡浩　（姓氏研究家）『47都道府県・名字百科』(2019)

Ⅱ 食の文化編

【米 / 雑穀】　井上繁　（日本経済新聞社社友）『47都道府県・米 / 雑穀百科』(2017)

【こなもの】　成瀬宇平　（鎌倉女子大学名誉教授）『47都道府県・こなもの食文化百科』(2012)

【くだもの】　井上繁　（日本経済新聞社社友）『47都道府県・くだもの百科』(2017)

【魚　食】　成瀬宇平　（鎌倉女子大学名誉教授）『47都道府県・魚食文化百科』(2011)

【肉　食】　成瀬宇平　（鎌倉女子大学名誉教授）・横山次郎　（日本農産工業株式会社）『47都道府県・肉食文化百科』(2015)

【地　鶏】　成瀬宇平　（鎌倉女子大学名誉教授）・横山次郎　（日本農産工業株式会社）『47都道府県・地鶏百科』(2014)

【汁　物】　野﨑洋光　（元「分とく山」総料理長）・成瀬宇平　（鎌倉女子大学名誉教授）『47都道府県・汁物百科』(2015)

【伝統調味料】　成瀬宇平　（鎌倉女子大学名誉教授）『47都道府県・伝統調味料百科』(2013)

【発　酵】　北本勝ひこ　（日本薬科大学特任教授）『47都道府県・発酵文化百科』(2021)

【和菓子 / 郷土菓子】 **亀井千歩子** （日本地域文化研究所代表）『47都道府県・和菓子 / 郷土菓子百科』(2016)

【乾物 / 干物】 **星名桂治** （日本かんぶつ協会シニアアドバイザー）『47都道府県・乾物 / 干物百科』(2017)

Ⅲ　営みの文化編

【伝統行事】 **神崎宣武** （民俗学者）『47都道府県・伝統行事百科』(2012)

【寺社信仰】 **中山和久** （人間総合科学大学人間科学部教授）『47都道府県・寺社信仰百科』(2017)

【伝統工芸】 **関根由子・指田京子・佐々木千雅子** （和くらし・くらぶ）『47都道府県・伝統工芸百科』(2021)

【民　話】 **熊倉史子** （日本民俗学会会員）/ 花部英雄・小堀光夫編『47都道府県・民話百科』(2019)

【妖怪伝承】 **板橋春夫** （放送大学客員教授）/ 飯倉義之・香川雅信編、常光 徹・小松和彦監修『47都道府県・妖怪伝承百科』(2017) イラスト ⓒ 東雲騎人

【高校野球】 **森岡 浩** （姓氏研究家）『47都道府県・高校野球百科』(2021)

【やきもの】 **神崎宣武** （民俗学者）『47都道府県・やきもの百科』(2021)

Ⅳ　風景の文化編

【地名由来】 **谷川彰英** （筑波大学名誉教授）『47都道府県・地名由来百科』(2015)

【商店街】 **杉山伸一** （大阪学院大学教育開発支援センター准教授）/ 正木久仁・杉山伸一編著『47都道府県・商店街百科』(2019)

【花風景】 **西田正憲** （奈良県立大学名誉教授）『47都道府県・花風景百科』(2019)

【公園 / 庭園】 **西田正憲** （奈良県立大学名誉教授）・**飛田範夫** （庭園史研究家）・**井原 縁** （奈良県立大学地域創造学部教授）・**黒田乃生** （筑波大学芸術系教授）『47都道府県・公園 / 庭園百科』(2017)

【温　泉】 **山村順次** （元城西国際大学観光学部教授）『47都道府県・温泉百科』(2015)

索　　引

47都道府県ご当地文化百科・群馬県

令和 6 年 7 月 30 日　発　行

編　者　丸　善　出　版

発行者　池　田　和　博

発行所　丸善出版株式会社
　　　　〒101-0051 東京都千代田区神田神保町二丁目17番
　　　　編集：電話 (03)3512-3264／FAX (03)3512-3272
　　　　営業：電話 (03)3512-3256／FAX (03)3512-3270
　　　　https://www.maruzen-publishing.co.jp

© Maruzen Publishing Co., Ltd. 2024

組版印刷・富士美術印刷株式会社／製本・株式会社 松岳社

ISBN 978-4-621-30933-9　C 0525　　　　　　　Printed in Japan